JN102031

愛と歓喜の数式

「量子モナド理論」は完全調和への道

保江邦夫　はせくらみゆき

明窓出版

神様はえこひいき!?　前書きに代えて

蝶のように舞い、蜂のように刺す！

これは、今回の共著者、はせくらみゆきさんに会うたびに僕の頭に浮かんでくる言葉です。何故そんなイメージが湧き出てくるのかといえば、理数系や哲学・美学専攻の大学院を出たわけではない一介の主婦が、何人もの理論物理学者や哲学者を相手になんら臆することなく見事な議論を華麗に展開していくかと思えば、聞きかじっただけの学術専門用語を恣意的に用いることで自分たちの無知を隠そうとしているスピリチュアルの危うさを、一刀両断の下に切り捨てているからに他なりません。

もちろん、僕の目にもそんな小気味よい光景が心地よく映っています。

特に、最近のスピリチュアル本に書かれている量子力学などのでたらめな解説には、目を覆いたくなっていましたので。

しかし、はせくらみゆきさんはいったい何故そんな「超」能力を、苦もなく発揮できてい

るのでしょうか。神様が、えこひいきなさっているのでしょうか⁉

しかも、彼女の能力はこれに限られているわけではないのです。

絵を描けば、中世ヨーロッパの有名な宗教画に匹敵する傑作から、現代人の心を癒してくれる不思議な光の芸術を生み出し、古(いにしえ)の叡智を記した文献の数々をひもとくならば、その真意をたちどころに暴いてみせてくれるのですから。

それに加え、この地球上に何故、我々人類が生息するようになったのかを見通すだけでなく、その真の歴史の中で、指導者として生を受けていた方々の魂をも降ろすという霊的なお役目にも召し出されているのです。

「スーパー主婦」、あるいは「ウルトラ主婦」と呼ぶに相応しい比類なき女性であり、まさに現代の至宝といえるのではないでしょうか。


だが、but、しかし！

どうしてはせくらみゆきさんだけが、ここまでgifted、文字どおり恵まれていらっしゃるのでしょうか⁉

この究極の疑問に明確な答が欲しくなった僕は、彼女の無窮の懐の奥へと探検の旅に出る決意を固めました。

まさに、「虎穴に入らずんば虎児を得ず」の教えどおり、「はせくらみゆきワールド」の秘奥へと突入していったのです。

その一部始終を描いた戯曲、『現代版　ドン・キホーテ』の台本となるものが、以下に展開される至極の台詞応酬に他なりません。


そして、はせくらみゆきさんの口から機関銃弾の如く放たれる見事な台詞をできるだけ多く収集することで、彼女の天賦の才の所以を明らかにすることができるはずだと考えた僕は、彼女の興味をそそる餌を用意することにしました。

それが、「量子モナド理論（Quantum Monadology）」なのです。しかし、大多数の皆さんには、初耳となる用語なのではないでしょうか？

もちろん、「モナド論」であれば、大学教養部で哲学を齧ったことのある方々なら、ご存知ドイツの哲学者・数学者ライプニッツの「単子論（Monadology）」のことだとおわかりになるはず。

そう、人間の心の源を、それ以上に分割できない「単子（Monad）」として論じた哲学理論に他なりません。

では、僕が餌に使った「量子モナド理論」とはいかなるものなのでしょうか？

それは、破格の理論物理学者である中込照明博士が、30年前にポーランドのコペルニクス大学で提唱した究極の物理学基礎理論なのですが、帰朝後に高知大学教授となってから出版した「量子モナド理論」についての解説書、『唯心論物理学の誕生――モナド・量子力学・相対性理論の統一モデルと観測問題の解決――』（海鳴社）の巻末に、僕は、ノーベル物理学賞を受賞した数理物理学者、ロジャー・ペンローズの言葉を引用した、次のような推薦文を寄稿しました。

＊

ペンローズは「いずれは、意識が純粋に物理的な世界の中に自分の席を見つけられるような理論へと導かれることだろう」と締めくくっているのですが、もしこれが彼の求める究極の物理学の姿であるならば、それは畏友中込照明君によって既に完成した理論体系として実現されていることを知るべきでありましょう。

私たちは、本書を読み進むことにより、ペンローズが未来に予測したまったく新しい物理学に、世界に先駆けて出会うことができるのです。

この「意識が純粋に物理的な世界の中に自分の席を見つけられるような理論」こそが、中込照明博士の「量子モナド理論」に基づく「唯心論物理学」だったのです。

＊

その後は、僕自身もこの「唯心論物理学」を広く一般の人々にも知ってもらいたいと思い、昨年（２０２２年）には、『人間と「空間」をつなぐ透明ないのち――人生を自在にあやつれる唯心論物理学入門――』（明窓出版）を上梓しました。

その帯文には、「古代ギリシャ時代からの永遠のテーマである『人間・心・宇宙・世界とは何か？』へのすべての解は『量子モナド理論』が示している」、及び、「人生を自在にあやつる方法はすでに、京大ナンバーワンの天才物理学者によって導き出されていた！」という控えめなセールスポイントを掲げてあります。

そして、これら2冊の餌に見事に食いついてくれたはせくらみゆきさんの口からは、僕の予想をはるかに超えた彼女のうらやましき才能の素晴らしさを彩る言葉が溢れ出てしまいます。

さあ、この僕・保江邦夫と共に、その感動的な台詞のシャワーで皆さんの乾いた探求心を存分に満たし、「はせくらみゆきワールド」の不思議を心ゆくまでお楽しみください！

２０２３年　初夏
白金の寓居において
保江邦夫

愛と歓喜の数式
「量子モナド理論」は完全調和への道

パート2　ミッション――地球で洗脳された3000人の魂を救い出せ!!

パート3　シュレーディンガー方程式は、愛の中に生まれた

パート6　いつも楽しく幸せな世界にいるためには？

みゆきノートまとめ0

近世合理主義哲学者の御三家

デカルト（1596〜1650）

フランス出身の近世哲学の祖＆数学者

・物心二元論。
・我思う、ゆえに我あり。
・人間が持つ「自然な光（理性）」を用いて、真理を探究。
・機械論的世界観を持つ。

スピノザ
（1632 〜 1677）

オランダ出身の哲学者

・汎神論を唱える（神即自然）。
・汎神論がもとで異端視される。
・心身並行論を唱える。
・神の意志で必然的に生きる。
・「エチカ」を書く。

ライプニッツ
（1646 〜 1716）

ドイツ出身の哲学者・数学者ほか

・単子論（モナド論）を説く＝モナドロジー
・予定調和説を提唱する。
・世界はモナドで出来ている。
・モナドは自然における真のアトムである。
・宇宙はいのちに満ち溢れている！

今回の主役は**「モナド」（Monad）**

ライプニッツが提唱した概念で、部分を持たない単一なる実体。
万物を実在させる究極的な構成要素がモナドである。
「宇宙の永遠なる生きた鏡」として存在する。

パート1　万華鏡が映し出すモナドの世界

（対談1日目　於保江邦夫博士の事務所）

はせくら　保江先生とお二人で対談をさせていただくのは、２０２１年に発刊された『宇宙を味方につける こころの神秘と量子のちから』（明窓出版）以来ですね。

今回も、どうぞよろしくお願いいいたします。

保江　こちらこそ、またみゆきさんと深いお話ができることを楽しみにしていました。

よろしくお願いいいたします。

はせくら　保江先生がお書きになられた、『人間と「空間」をつなぐ透明ないのち――人生を自在にあやつれる唯心論物理学入門――』（明窓出版）を拝読したのですが、読んでいる間ずっと、衝撃を受けておりました。なぜなら、疑いようもないほど、そのままの真実が書かれていると感じたからです。

同時に、先生が、できるだけ皆さんにわかりやすく伝わるよう、一生懸命、ご尽力されていることもわかりました。

とはいえ、一般人の感覚からすると、それでもまだ、難しいように思いました。もともと、天才的な頭脳を持たれた方が書かれていますから、かなり落としても、やはりレベルが高いのかなぁとも思いました。

それでも、最後までとても楽しく読ませていただきました。そして、高揚した気持ちのまま目をつぶると、ご本に書かれていたモナド（＊ドイツの哲学者、数学者のゴットフリート・ヴィルヘルム・ライプニッツが案出した空間を説明するための概念）が瞼（まぶた）の裏にボコボコと現れるのを感じました。

「なんだろう、これ……」と思いながら見ていましたが、たくさんのモナドの振る舞いが心の眼に映し出されては、やむことなく続くのです。

私も、物理系のお話が大好きなものですから、その様子を面白がってずっと観察していました。

そのうちに、モナドの中の振る舞いの様子が、まるで漫画の吹き出しのように、言葉として浮かび上がるのです。愉快だなぁと思って眺めているうちに、

「えっ？　これってもしかして、この感動した御本の、さらに超訳をせよということを、宇宙が望んでいる？」という考えが大胆にも浮かんできたのですね。するとすぐさま、花火が打ち上るがごとく、頭の中がスパークしたんです。一瞬、立ちくらみしそうなほど、驚きました。

その後、一日中唸りながら、「いやいや、私には無理だから」と葛藤を繰り返していたんです。そして、夜、寝ようとしたときにあらためて、「私の能力では無理だと思います」という想いを発したとたん、急に空間がぐにゃりとゆがみ、いきなり部屋が激しく揺れ出しました。地震です。

ベッド脇のものが落下し、私はとっさに布団の中にもぐったんですね。

そして、「なんでこのタイミング？」という想いが駆け抜けました。するとすぐさま、自分の中の深い部分から、「だからこのタイミングなんです」という声なき声が届き、私は思わず、

「はい、了解しました」と叫んでしまったんですね。

その瞬間、ピタッと揺れが収まった……という摩訶不思議なことが起こりました。

ちなみに、他の部屋はいっさい揺れた形跡はなく、携帯の地震速報を見ても、何も起こってはいませんでした。けれども、実際にベッドサイドに置いてあったものは床に散乱しています。

それらを片付けながら、「あ、私は頭——エゴの声を優先しようとしていたんだ」ということに気づきました。

その後すぐさま、夜中ではあったのですが、パソコンを開いて、先生におうかがいのメールを書いてお送りしたというわけです。

保江　そんなことがあったのですね。

僕はそのメールを読んだときに、和歌山県の白浜か那智滝のあたりにいました。

そしてすぐに、『人間と「空間」をつなぐ透明ないのち』の出版社の社長さんに電話をして、「僕は快諾しますからぜひ」と伝えたのです。

はせくら　ありがとうございます。すぐさまお返事をいただき、頭がクラッとしました。

その後、私自身ももっとしっかり学んでおかないといけないなと思いまして、まずは、ご本の中心セオリーである、中込照明博士の名著『唯心論物理学の誕生』（海鳴社）を熟読しました。

保江　ご存知のように、中込君は僕が通っていた京都大学大学院時代の盟友です。その本は、まだ売っていましたか？

はせくら　中古本しかなかったのですが、入手はできました。プレミア価格でしたが。

保江　それは申し訳なかったですね。

はせくら　いえいえ、大変感動的な本でした。内容が素晴らしいので、価格はさほど気にならずでしたよ。しかも、冒頭に、尊敬する霊的世界のマスターのお一人である葦原瑞穂さん（＊『黎明』〈太陽出版〉の著者）の名が出てきたものですから、「この流れかぁ……」と嬉しくなりました。この本は既存の物理世界に、新風を巻き起こす内容だと思います。

保江　友人の本ながら、ありがとうございます。

はせくら　それで、先生と中込氏の本で、すっかり頭の中が「モナド」一色になってしまっていたのですが、そのとき、まさしくモナド質感をまさにビジュアル化しているものに出会ってしまったんです。それがこちらです。

保江　万華鏡ですね……、そうそう、万華鏡はこういうふうにゆっくり、連続的に変わるのですよね。中のオイルの動くスピードが遅いから。

はせくら　はい。手で回さなくても、自然と見える世界が変わっていきますよ。

保江　動かさなくても……、本当ですね。

はせくら　同期する様態……、表象が変わっていきます。この万華鏡は、半分は外も映し出しているのです。

保江　本当だ。外を映し出すからよけいにモナドに見えるわけですね。

すごい！　これはすごいです。中込君に見せたら驚きますよ。

万華鏡を覗いた世界

はせくら　外の世界が、中に映し出されている世界を眺めています。

保江　どのモナドにも、世界が反映していますものね。

はせくら　そうなんです。実は、瞑想の中で宇宙に、「モナドのことについて、わかりやすく伝えられるものがあれば教えてください」とオーダーを出した翌日、たまたま、万華鏡の専門店を訪れることになりました。

特に買う予定もなかったのですが、店の奥にある一本の万華鏡が、あまりに光り輝いていたので、思わず、「これください」と大人買いしてしまったのです。

保江　高かったのですか？

はせくら　そうですねー。七万七千円でした。値段もきちんと確かめずに買った経験は、後にも先にもこれくらいかもしれません。

お店の方は、他にもありますので……とおっしゃったのですが、それ以外は目に入らなかったので、「いえ、これなんです」といって購入しました。

後から聞くと、この万華鏡を創られた方は、万華鏡世界をリードする、日本のトップの方だったらしく、いきなりそれを選んでしまったので、他の方のものを勧められなくなったとおっしゃっていました。

保江　落ち着いて覗いてみたら、ＤＮＡのような二重螺旋があったりするのですね。生命を彷彿とさせる作りになっているのです。

たしかに、これを創られた方はとんでもないですね。万華鏡に世界が反映されている……、まさに、これがモナドです。

はせくら　嬉しいです。モナドを表す世界が身近な中に見つかって。実はもう一つ、小さな万華鏡を買ったんですよ。それがこちらです。

保江　これも万華鏡ですか？

はせくら　はい。テレイドスコープと呼ばれる種類で、先端の球体を通して、筒の外の世界がそのまま模様のごとく映し出されます。よければ、私を見ていただけますか？

保江　おお、はせくらさんがたくさんいる。真ん中にも、端っこや小さいところにもたくさんのはせくらさんだらけ。まさに、モナドです。

テレイドスコープ

はせくら　日常の風景もこれで見ると、すべてが感動的に映し出されます。

保江　これもすごいですね。

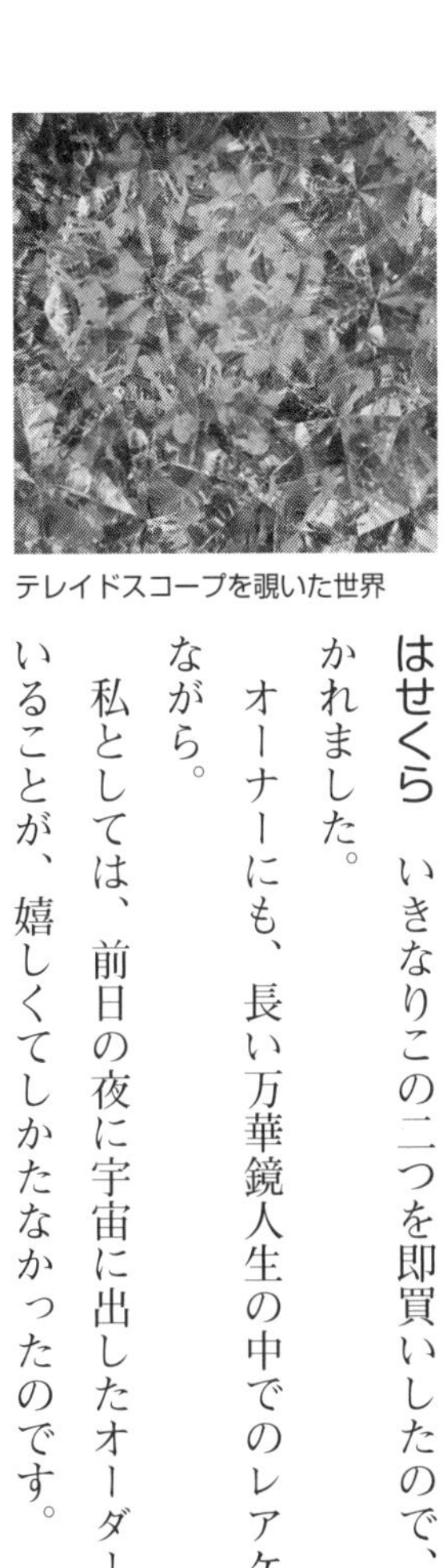
テレイドスコープを覗いた世界

はせくら　いきなりこの二つを即買いしたので、お店の方から驚かれました。
オーナーにも、長い万華鏡人生の中でのレアケースだと嗤(わら)われながら。
私としては、前日の夜に宇宙に出したオーダーが、即、叶っていることが、嬉しくてしかたなかったのです。

保江　中込君にも見せてあげたいと思いました。
きっと、大感動しますね。

はせくら　モナドが表象でイメージできるって、嬉しいですものね。

保江　そう。彼はモナドを数学でしか表せなかったのですが、ここでは視覚化されていますよ。
そんなモナドですが、モナドが持つ初期の世界では多くの生命体はないのですね。こちらの、万華鏡を通して見えてくる世界は、これはもう生命がいっぱいになった状態ですね。

はせくら　そうなのですね。

保江　こちらの万華鏡の形状は、空海や偉い坊さんが錫杖（しゃくじょう）と共に持っていた独鈷（とっこ）などと似ていますね。

はせくら　たしかに似ていますね。

保江　これが、宇宙の成り立ちですからね。

はせくら　なにか懐かしさを感じられましたか？

保江　懐かしいというか、「ああ、あれじゃん」という感じですね。

量子モナド理論の世界と華厳の世界

はせくら　保江先生は過去生で、どんな方をされていたのですか？　やはり科学者ですよね。

保江　地動説のコペルニクスです。

はせくら　天動説をひっくり返したコペルニクス……なるほど。

保江　僕はなぜか、ポーランドのコペルニクス大学に呼ばれたことがあります。
　ポーランドのど田舎なのですが、コペルニクスが生まれた場所なのだそうです。生まれたところに大学ができて、コペルニクス大学と名付けられたというのです。

はせくら　なんとまぁ……。その時代のコペルニクスさんが現代によみがえると、今度は湯川博士の素領域理論を進化させ、今度は、今回のテーマである「量子単子論」を進化させてしまう、ということですか？

保江　中込君は、そのコペルニクス大学にいたのです。

はせくら　えっ？　もうこれは、魂の青写真に組み込まれていたとか？

保江　そうですね。びっくりです。

それで最初の彼の論文、英語で書かれた量子モナド理論は、そのコペルニクス大学の学術紀要（＊研究者の研究をまとめた論文が掲載された刊行物）で発表されたのです。

はせくら　そうだったのですね。コペルニクスや、モナドの提唱者——ライプニッツなど、稀代の科学者の名がどんどん出てきて、物理オタクの私としては興奮ものです。

けれども、ライプニッツの**モナドロジー**という理論は、私には難しいです。

保江　難しいですよね。僕はひととおり、そのあたりのものを見てきてはいます。

近世の大陸合理主義を代表する哲学者であるルネ・デカルト、バールーフ・デ・スピノザ、そしてゴットフリート・ヴィルヘルム・ライプニッツなど。

僕は、デカルトが特に好きですね。

彼らの大陸合理論（＊非理性的、経験的、偶然的なものを排し、理性的、論理的、必然的なものを尊重する論理）の、人類の意識体系の一つの完成形であり始まりとして、この単子論（モナドロジー）があるのではないか、という気がしたのですよ。

はせくら　そうなのですね。

今回、私も理解を深める意味で、ノートにまとめながら学習していたのですが、わからないところも多々ありますので、いろいろと質問をさせていただきながら、進めていってもよいでしょうか？

保江　わかりました。もうなんなりと。

はせくら　ノートはこのような感じで、たくさんのいたずら書きがあります。まずは、モナドについての説明から（みゆきノートまとめ1）。

みゆきノートまとめ１〈モナド〉

世界はモナドで出来ている

■ モナドって、なぁに？

モナド（Monad）はライプニッツが案出した空間を説明するための概念。
ギリシャ語の「単一」（モナス）、「単一の」（モノス）に由来するとされる。

■ モナドが持つ性質とは？（by ライプニッツ）

1　世界はモナドによって構成されている。
それ以外のものは存在しない。

2　空間は世界の構成要素ではない。
したがって、モナドを容れる空間も存在しない。
空間はモナドの内部にあるだけである。
モナドはその内に世界を反映する。

3　モナドは互いに相互作用はしないが、
内なる世界は予定調和により、相互に照合し合う。

4　各モナドが反映する世界には、
特にそのモナドの関わる部分がある。

5　モナドは能動性（意思作用）を持つ。したがって、
他のモナドの影響を受ける形の受動性も持つ。

ライプニッツ

保江　こうして表すとはびっくりですね。

はせくら　すぐお絵かき遊びになってしまうんです。子ども時代とあまり変わっていないかも……。（パラパラめくりながら）あくまでもイメージを書き起こしているだけなのですが。

保江　ちゃんと理解できていないと、絵は描けませんからね。絵に描けるというのは、本質を理解できている証拠です。

はせくら　そうだとよいのですが……。実際は、この概念を理解するにはどうしたらいい？という質問を内奥に問いかけると、ボワンと映像や言葉が浮かんでくるのです。ちょうど、こんな感じで（みゆきノートまとめ2）。

こちらは、子どもの質問に、おじいさんの神様が答えているのです。

「どうして時間って進んでいると感じるの？」

「それはね、予定調和の働きによって、他のモナドの世界認識が変わることで、自分の内

みゆきノートまとめ 2

この各々の世界認識は、他のすべてのモナドの内部変化によって自動的・他動的に塗り変わっていくことになる

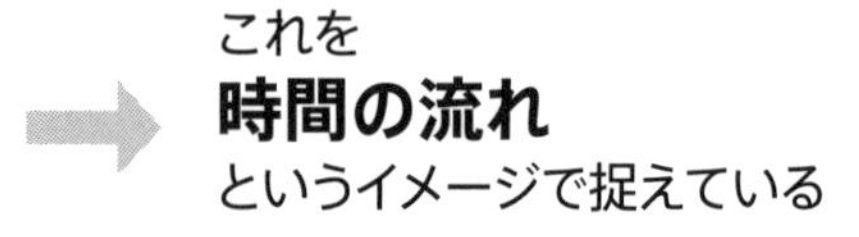

部世界の認識もいやおうなく変化し続けるからだよ」

保江　そのとおり！

これを描かれていたのは、本当に楽しい時間だったことでしょうね。

はせくら　はい。楽しすぎました（再びパラパラをめくりながら）。こちらについては、パラダイムシフトについての理解を、中込先生のご本を読んで、自分なりにまとめたものです。この解釈であっていますでしょうか？（みゆきノートまとめ3、4）

保江　まさしく、このとおりです。

はせくら　そうなのですね。こちらは、唯物論と唯心論について考察しながら、中込先生の論をまとめてみたものなのですが、その中でふと、「量子モナド理論」の世界は、仏教の華厳の世界と近いかもと感じたので、そこも掘り下げてみました（みゆきノートまとめ5）。

みゆきノートまとめ3

「量子モナド理論」（唯心論物理学）の提唱者
――中込照明博士の
「唯心論物理学の誕生」（海鳴社）より　その1

「モナド・量子力学・相対性理論の統一モデルと観測問題の解決」

■ 現行の唯物論物理学（機械論的な世界モデル）で
解決できないこととは？

1　自由意志・意識に関する主観的経験をいれることが出来ず、
説明も出来ない。
2　私たちの意識（心）が感じる「今」という特別な時間がない。
3　量子力学における「観測問題」がある。

■ このように、唯物的なものの見方である、機械論的な世界観では、
どうしても行き詰ってしまう。
ここから世界観ごと変えてしまうと……？

世界モデルのモデルチェンジ＋理論のセオリーチェンジで
パラダイムシフトが起こる！

※もともとある古いパラダイムの延長線上で論を進めるよりも、
論ごと変えて（場・世界を変えて）しまう方法で展開。

■ これから私たちが至るであろう認識の世界

唯物論的世界観　（現在）
↓
唯心論的世界観　（近未来）唯心所現の世界へ

あれ？　これって、お釈迦様が言う、
色即是空の世界では！？

みゆきノートまとめ 4

「量子モナド理論」（唯心論物理学）の提唱者
——中込照明博士の
「唯心論物理学の誕生」（海鳴社）より　その2

■ モナドについて理解するためのヒントとなる、一つのメタファー(一部抜粋)
※ただし、モナドそのものではなく、モナドの像の集合体としての世界観。

われわれの世界モデルと戦車ゲームとの対応

われわれの世界モデル	戦車ゲーム
モナド	コンピュータ＋プレイヤー
内部世界	コンピュータの画面
モナドの意思	プレイヤーの意思
モナドの意識	プレイヤーの意識
自動変化	各コンピュータに与えられたプログラム
モナドの像	各コンピュータに結び付けられた戦車
予定調和としての通信枠	信号をもった通信・画面内世界に対する視点

「予定調和」は、ゲームが自動変化していくプログラム＋通信の概念に置き換えられる。

■ なるほど～。ゲームにたとえるとわかりやすいね。
ということは、誰がやっても、どうやっても、プログラムの枠組み自体は同じであれ、
それぞれのプレイの仕方によって、映し出されるモナドの像はすべて異なるね。

■ ゲームソフトに書き込まれているプログラムがあるかぎり、
誰がやっても、どうプレイしても、そのゲームが成立できる。

どんなに内部が違えど、すべてのコンピュータを繋ぎ、同期させることが出来る､その力のことを「神」と呼び､「予定調和」と成って、世界を有らしめるのかな？　時間量子でいえば、それがカイロンということになる。

そんなカイロンと共に瞬時に次の素領域へと飛ぶ、「スカラー量子」が、高次元領域へと至る鍵を握っているのかも!?

華厳経を簡単に説明すると、大乗仏教経典の一つで広大なる真理世界の表われである仏は、一切の衆生や万物とたった今、共にあり、かつ、その衆生や万物の中に、仏がおわしますとする「一切即一」、「一即一切」の世界を、華の美しさに例えて表した経典です。

その経典の中に、華厳唯心偈（ゆいしんげ）という、華厳経の教えの本質を百字でまとめたものがあるのですが、そこに**「心は諸の如来を造る」**（「心」というものが諸々の仏を造りだしているのです）という一節があり、科学も宗教も根っこではつながっていることを強く感じました。

みゆきノートまとめ 5　**華厳経の世界観1**

唯心思想

心境一如　色心不二

天台の教え　…　諸法実相論　すべての存在は真実の顕現
華厳の教え　…　唯心思想　　すべての存在は心の顕現（あらわれ）

すべてが心だ!

お釈迦様はすべては心の現れだといった
第六現天地　如心掲

迷えば衆生、悟れば仏
すべては心のあらわれであるとする。

十二因縁もみな心に依存している
ただ心が作り出しているだけ

私たち一人一人が自らの世界の創造主である

蓮華造世界

心外無法
満目青山　…　主体的な世界　心いっぱい（宇宙）に青空が広がる

Step1　心の安定
↓
Step2　涅槃を目的とする

保江　華厳経にそう書いてあるのですね。

はせくら　はい。

保江　僕が初めて、隠遁者であるエスタニスラウ神父様にお目にかかったときのことです。

エスタニスラウ神父様にお会いできるなんて夢のような話で、お住まいにたどり着けるとも思っていなかったのですが、ありがたいお導きでお会いすることが叶いました（『こんなにもあった！　医師が本音で探したがん治療　末期がんから生還した物理学者に聞くサバイバルの秘訣』〈保江邦夫／小林正学共著〉『歓びの今を生きる　医学、物理学、霊学から観た魂の来しかた行くすえ』〈保江邦夫／矢作直樹／はせくらみゆき共著〉参照　共に明窓出版）。

挨拶がすんで通された部屋でいっしょにこたつに入って、出してくださったスナックをつまみながらお茶を飲んでいたところ、

「何を聞きたいのかね？」と聞かれました。そこでまずは、

「心はどこにあるのでしょうか？」と尋ねました。

それは当時、僕の中で一番の疑問でした。

「僕は物理学者ですので、そういうことにも興味があるのです」といったら、「物理学者としてこの世界の成り立ちについて極めたいということであれば、ぜひこれを読みなさい」と、岩波文庫として発刊されていた、華厳経を記した本を渡してくださったのです。

はせくら　キリスト教の神父様が、華厳経を勧めてくださったという。

保江　はい。ところがその本は、とても古くて神父様の愛読書のようでしたから、「それをいただいたら神父様がお困りになるでしょう。僕は本屋で買いますから」といってお戻しして、実際に後で購入しました。

しかし、今の今まで一度も読んでいません。やはり、あれは読むべきなのかなと思っているところです。

はせくら　華厳経に描かれている世界を内観すると、モナドの世界とあまりに似ていて驚きました。

保江　そうなのですね。

はせくら　そういえば、その気づきがあった夜、天に、「今日は、私を華厳の世界に連れていってください」とお願いしてみたのです。

その後、眠りに落ちる直前に、まさしく黄金色に輝く三昧の世界が現れてきました。驚きながらもおそるおそるその中に入ってみると、今まで聴いたことのない節での、聴いたことのあるお経が空間に流れているのを感じました。

そのお経とは、般若心経にある最後の節で、「羯諦羯諦波羅羯諦波羅僧羯諦（ぎゃーてーぎゃーてーはーらーぎゃーてーはらそうぎゃーてー）」というものです。

発音はサンスクリット語に近く、しかも柔らかなメロディ付きだったんです。なぜか覚えてしまったので、口ずさんでみますね、

保江　どうぞ。（歌い終えた後に）最初の音は、「ぎゃーてー」ではなく「がーてー」なんで

すね。こちらの音のほうが、胸の奥に響きますね。

はせくら　私も、言葉が違うので、あれ？　と思い調べてみました。すると、ブッダが話していた言葉はマガダ語（パーリー語と近い言語）だったようですが、それをサンスクリット語に変換することで、教えの体系が整ったとのこと。

そして、サンスクリットは中国で梵字と呼ばれ、その梵字が日本に入ってきて、「ぎゃーてーぎゃーてー」となったのだそうです。

こうして音の出し方——発音が微妙に変化していったのかもしれません。

空海さんが、「声字実相義（しょうじじっそうぎ）」の中で、**「五大に皆響きあり」**と伝えたように、この世界の本質を紐解こうとすると、最後は「響き」になる、ということではないかと思いました。

瞑想の中で受け取った言葉は、

「本質の響きとつながってください。それが華厳の世界なのです」でした。それで、もう少し詳しく教えてください、と問うと、

「私たちは皆、完全なる一体の世界にいます。
今も、かつても、そしてこれからもずっと。
それがあなたたちの言葉でいう『悟り』であり、
この完全なる知恵の状態の中に、私たちはたった今、おわしますのですよ。
どうぞ、あなたに幸あらんことを」
という言葉の振動が、揺らめく空間の中で鳴り響きました。

保江　まさに、モナドです。

はせくら　そうだったのですね。思い出すだけで今も胸がいっぱいになります。
その後、この響きの世界を神道ではどう表現しているのだろうと考えてみたのです。
すると、古事記の冒頭にある**「天地初發の時、高天の原に成れる」**という一文の「成れる」に、
同音異義語としての「鳴れる」も含まれているのではないかと感じました。
つまり、「響き」というものが高天原という、いと高き精神宇宙の中で、常に鳴り響いて、
そこから事象の種が生まれていく ＝ 成っていくということではないかと思いました。

保江　たしかにそうですね。

はせくら　やはり、**想いは事象の設計図になる**んですね。

保江　まさに、です。

プサイの由来となったプシュケと、アムルの物語

はせくら　さて、この万華鏡について、お店のオーナーに、「この作品の名前はありますか？」と聞いたら、「ヴィーナスです」というのです。

保江　ヴィーナスですか。

はせくら　そこでまたドキッとしたのですが、まさしくモナド理論の中で、重要となってくる記号が、量子力学でいう確率振幅を表す関数――プサイ（ψ）ですよね。

そんなプサイの元となったギリシャ神話の登場人物が、プシュケです。

私は昔から神話が好きで、特に、人間の姫だったプシュケと、ある神様の子――アムルとの恋物語が大好きだったんです。その、「ある神様」というのが、ヴィーナスでした。ヴィーナスの息子であるアムルは別名、エロースともいいます。

保江　エロスですか（笑）。

はせくら　はい。実は既に伏線が貼られていたようで……オフィスの玄関にプシュケとアムルが飾られていたので、ドキッとしました。

保江　トレーに描かれた絵画ですね。

はせくら　おそらく、『白雪姫』の物語のモデルになっているのは、ヴィーナスとプシュケではないかと思います。つまり、意地悪な美人妃がヴィーナス、白雪姫がプシュケという構図です。

保江　ヴィーナスがその立ち位置ですか？　元となったギリシャ神話はどんな物語だったのですかね？

はせくら　ではここから、ストーリーテラーのおばさんになりますね。

ある王国に、3人の美しい姫君がいて、末っ子がプシュケでした。プシュケはとりわけ美しく、神々しさも兼ね備えた娘。あまりの美しさに皆がひいてしまうほどでした。

その噂を天界で聞きつけたヴィーナスは、「美の女神は私なのに」と嫉妬し、息子のアモルを派遣して、プシュケをおとしめようとしました。

そんなアモルの別名はクピト（キューピット）。姿を想像していただければと思いますが、翼が生えていて、弓矢を持ち歩き、その矢に当たると皆、恋に落ちてしまう存在です。

ヴィーナスからアモルに与えられたミッションは、一番醜い怪物とプシュケが結ばれるように矢を打てということ。

けれどもアモルの放った矢は、なんとアモル自身に当たってしまいます。

そして、プシュケを心から愛してしまうのです。


一方、なかなか結婚しないプシュケを心配した王様とお妃様は、アポロンの神託という神のお告げを聴きに行くのですが、そこでプシュケは、怪物と結婚すると告げられます。

神託は絶対なので、逆らえません。可哀そうなプシュケは、一人ぽつんと、怪物がいるという崖の上に置き去りにされてしまいます。


泣いていたプシュケの元に現れたのは風の神です。風の神はプシュケを、宝石が輝く美しい宮殿へと連れ去ります。

そこで何一つ不自由のない生活をするのですが、夜な夜な「絶対顔を見ないで」という優しい夫が現れては、プシュケと甘い夜を過ごします。

けれども朝になると、その夫はいなくなってしまうのです。

そんなある日、プシュケは、自分の無事を知らせようとして、二人の姉たちを呼び寄せるのですが、妹の幸せそうな暮らしに嫉妬した姉たちは、「その夫とは怪物だろうから殺せ」とそそのかし、宮殿を後にします。

無垢なプシュケは、ナイフを寝具に忍ばせて、ランプの明かりで、絶対見ないでといった夫との約束にもかかわらず、顔を見てしまいます。

そこに現れたのは、絶世の美少年！

保江　ヴィーナスの息子なら、そうですよね。

はせくら　ええ。そしてそのとき、プシュケが持っていたランプの油が、寝ていたアモルの肌に落ち、彼は目を覚まし、こういうのです。

「あれほど見ないでといったのに……。愛と疑いはいっしょにはいられない。さようなら」と。こうして、アモルは飛び立ち、同時に宮殿も崩れ去ってしまいました。

哀しみにくれたプシュケは、その後、どうしてもアモルに会いたくて、放浪の旅を始めます。その中で知ったのが、アモルは美の女神・ヴィーナスの息子だったということ。そうしてプシュケは、ヴィーナスに許しを乞うべく会いに行くのですが、もともとプシュケを憎たらしく思っていたヴィーナスは、数々の試練を課します。


一つめは、数多くある豆や穀物を、日没までに一種類ずつ袋に選り分けること。

二つめは、川向こうに生息する、凶暴な羊たちの背中に生える黄金の毛をとってくること。

三つめは、三途の川を流れる黒い水を瓶に満たして持ってくること。

四つめは、冥府の女王が持つ、「美」の箱をもらってくること。


それぞれの試練をなんとか乗り越えたプシュケは、やつれきってしまい、思わず、最後の美しさの入った箱を開けてしまいます。

けれどもそれは、「けっして開けてはならぬ」といわれていたもの。箱を開けたプシュケは、永遠の眠りにつきます。

一方、プシュケを探していたアモルは、やっと眠りの中にいるプシュケを見つけます。アモルが抱き上げ、口づけするとプシュケは目覚め、その後、天界の最高神であるゼウスに、これまでの過ちに対する許しを乞い、二人の結婚を懇願しに行きました。

ゼウスはプシュケを、

「愚かな人間ではあるが、ひたむきに愛を求めている」と評し、人間のプシュケを神上がりさせて二人の結婚を認めました。とはいっても神々が持つ翼までは上げられないとして、代わりにチョウの羽を授けた、ということです。

そこからプシュケは、チョウの羽を持つものとして描かれ、魂や心という言葉の由来となりました。

ちなみに、プシュケ（魂）とアモル（愛）が結ばれてできた子どもの名前が、「歓び」です。

保江　すごいお話ですね。本当に面白かったです。

はせくら　長くなってしまってすみません。喜んでいただき光栄です。

量子モナド理論は、実は宇宙人には常識だった!?
――『エイリアンインタビュー』が伝える宇宙や空間の成り立ち

はせくら　話をモナドに戻します。量子モナド理論は、量子物理の中でも、究極のものではないだろうかという直観があります。とはいえ、私自身は文系出身の素人で、難しいことはわかりません。

だからこその疑問や質問を通して、「ああ、世界ってこのようにできているんだな。素晴らしいんだな」と感じるきっかけとなる、そんな触媒になれたらいいなと思いました。

保江　ありがとうございます。モナド理論は本当に、歴然とした事実なのです。

関連する話なのですが、少し前に、この『エイリアンインタビュー』（原題『Alien Interview』Lawrence R Spence　Lulu.com）というご本をある方から手土産にといただきました。

UFOや宇宙人ものの本を、全部持っていると自負している僕も、この本は知りませんでした。イギリスの出版社が出した本の日本語への翻訳本なのですが、Amazonでは洋書の扱いになっています。ペーパーバックで、装丁も洋書っぽいでしょう？

はせくら　たしかに、洋書っぽい作りですね。

保江　ロズウェルで墜落したUFOの搭乗員だった生き残りの宇宙人を、アメリカ陸軍航空隊が捕まえてCIAが尋問をしたのですが、交信手段がテレパシーしかなかったのだそうです。そのテレパシーを受信できて唯一理解したのが、アメリカ陸軍航空隊の下士官の女性でした。

しかし、彼女は宇宙人の感情と印象を知覚することはできましたが、言葉にして表現するのが難しかったので、海軍の日本語のスペシャリストを呼んで相談しました。本には、次のように書いてあります。

「幸いにも海軍の日本語のスペシャリストであるジョン・ニューブルというとても賢い人が、その問題に対する説明と解決策を持っていました。彼はまず、問題はエイリアンのコミュニケーションを取る能力の欠如とほとんど関係がないということを説明しました。それは、彼女が私以外の人とはコミュニケーションを取る気がないということの方が重要でした。第二に、はっきりとした包括的なコミュニケーションが起きるためには、当事者たちが一つの共通した言語を理解し、それを通してコミュニケーションを取らなければならないということでした。

言語の中の言葉やシンボルは、とても正確な概念や意味を持っています。彼が言うには、日本人は日々のコミュニケーションの中で多くの混乱を引き起こす多くの同音異義語を持っているということでした。彼らはこの問題を、常用漢字を使って自分が言っている言葉の正確な意味を書き留めることによって問題を解決しています。これが彼らにとって事柄を明確にします。

定義された用語がなければ、人と犬の間、または二人の小さな子どもの間で交わされる基本的な理解を越えるコミュニケーションは不可能です。当事者たちが流暢に使える、はっきりと定義された言葉の共通したボキャブラリーの欠如が、全ての人々、グループまたは国家の間のコミュニケーションを妨げる要因になっています」

（引用終わり）

日本語のスペシャリストはこうしたことを理解しているので、宇宙人との間に定義された用語としての英語を、コミュニケーション手段として導入しようとしたのですね。宇宙人に英語を習得してもらって、クリアな相互理解を図ろうとしたのです。

そこでまずは、アメリカの子どもたちに教えるために使われていたテキストを、宇宙人に見せながら、声をあげて読みました。

宇宙人は眠らないそうで、24時間ずっとそれを読んで英語をマスターしました。

それから、ブリタニカ大百科事典を与えられ、たくさんの挿絵があるその本を楽しむと、もっとたくさんの絵本と、写真や絵がある参考書を要求しました。そのほうが、意味をはるかに理解しやすかったからだそうです。

そして、たった数日間で数百冊を読んで、多くの知識を得ました。

それから、尋問が開始されました。

エアルと名乗るその宇宙人は、下士官の女性以外が質問することは、それが書面であっても、下士官が翻訳者として聞くことであっても、拒否し続けました。

ただ、なぜ地球に来たのかについては、「自身の上官から、ニューメキシコ州で実験された核兵器の爆発での放射能の範囲と、環境に与えられる被害の可能性について調査するために送られた」と話しました。

また、地球の古代史、近代史などの、地球で書かれた教科書には絶対に載せられていない歴史の授業をしました。

これが、はせくらさんがある対談でおっしゃっていた内容そのままだったのです。


その尋問の記述はすべてＣＩＡの係官がタイピングしたのですが、トップシークレットになっていました。

アメリカの大統領でも見ることができないぐらいのトップシークレットだったのですが、女性下士官は、誰にも知られることなく、記録文書を秘密裏に保持することができたといっています。

彼女はその後、結婚してアイルランドに行き、ご長寿でした。

亡くなられる前、彼女はこのトップシークレットを世に出さないといけないと思い立ち、イギリス人の編集者に相談したところ、では本にしようということになりました。

全部で16章から成っており、エイリアンが話したすべてのトピックと、そのそれぞれにインタビュアーとなった下士官の感想などが添えられています。

「不死についてのレッスン」とタイトルがついた12章では、この宇宙や空間の成り立ちまで教えてくれているのです。

それを読んだときには、驚愕しました。唯心論物理学、つまり量子モナド理論そのものだったからです。僕は興奮して、すぐに量子モナド理論を確立した中込君に電話をしました。

「お前の量子モナド理論は、実は宇宙人には常識だったんだよ」といったら、彼も驚き、僕はすぐにこの本を彼に送ったのです。

翌々日には高知県在住の彼の元に届き、やはり即座に読んでくれて電話をかけてきて、

「あれはたしかに、モナドだよ」といって感動していました。

「やっぱり俺は正しかったんだ」と、次の本を出す元気が湧いたといっています。

この「次の本」は、『万物の起源――唯意識論が全てに答える――』という題で、海鳴社から出版されました。

はせくら　本当に、素晴らしいお働きですね。

保江　本を送った後、僕の分もやはり欲しくなって、Amazonで買い直しました。この本、差し上げますよ。こういうこともあろうかと、もう一冊余分に取り寄せてありますから。

はせくら　とても嬉しいです。ありがとうございます。

保江　実は、中込君の『唯心論物理学の誕生』もいっしょに買ったのです。

この量子モナド理論の唯心論物理学を宇宙人も認めていると知ってもらうためにも、この人はという方にセットで差し上げようと思いました。

はせくらさんはこの本は既に読まれたとのことですから、『エイリアンインタビュー』もぜひ読んでみてください。かなり共通しています。

ロズウェルに墜落したＵＦＯの搭乗員、我々よりずっと進んだ文明を持っている宇宙人が、この宇宙の成り立ちとしてそのビジョンを持っているのです。

そして、宇宙人は自分たちのことを、「is be」と表現するのが最も近いといっています。

はせくら　そこを少し詳しく教えていただけたらと思います。
なぜ「is be」なのでしょう？　「being」ではなく、なぜ「is be」なのかについて、先生のお考えをお聞かせ願えますか。

保江　「being」といってしまうと、妄想もあるといいますか、それぞれの人の考えに依存してしまい、共通の基盤にはなりにくいと思うのです。

一方、**「is be」というのは歴然と、あるべくしてある、揺るぎない基盤的存在**です。

イギリスやアメリカの英語を話す人たちに「is be」といえば、彼らの共通概念では単子になるのだと思うのです。


はせくら　ここでまた単子が出てきましたね。

「being」になると、モナドの表象の世界のそれぞれのかかわりや、それぞれが見えている世界の概念に、いってみたら成り下がってしまうのですね。

それよりも、もっと抽象度の高い、根源的なものが「is be」だということなのですね。

つまり、この世界は「is be」から始まるといった……。

保江　そうですね。モナドの性質を簡易に説明するならば、僕が認識しているこの世界と、はせくらさんの世界とは違っている、ということです。

ですから、「この世界」といわれたときに、はせくらさんの内部世界、保江邦夫の内部世界で**それぞれ、一瞬考えなくてはいけないでしょう。**

そうではなく、そのすべての原型の「is be」、モナド、単子のみがある……。

そちらも世界と呼ぶと混乱してしまいますから、なにか呼び名が必要だと思うのですね。

ライプニッツは、神や心を考察して「単子（モナド）」という概念にいたった

はせくら　なるほど。

そういえば、前著の対談本『宇宙を味方につける こころの神秘と量子のちから』での一番の肝は、「**人間原理**」（＊物理学、特に宇宙論において、宇宙の構造の理由などを人間の存在に求めるという考え方）でしたよね。まさしく、今おっしゃっている内容が人間原理ともつながってきますね。

保江　そうなのです。

たとえばライプニッツは、神や心というものを考察し、結局は単子という概念にいたったのです。

彼のいう単子とは、神でもあり人間でもあります。保江邦夫、神、他人、そのすべてを含み、かつたった一つしかないもの、それが「単子」です。単子は単子のみしかなく、単子の集まりといったものもありません。

中込君いわく、単子は有限個あるのですが、僕は、結局単子とは一つしかないと思っています。自分で2役、3役、4役をやって楽しんでいるだけで、**本当は一つである……、だから単子なのです。**

「世界」といわずに「モナド」といっていますが、単子と表現したとしても同じことなのです。単子は一つしかありませんが、それではつまらないから単子A、単子Bとか、はせくら、保江という単子が別々にあるように演じているだけなのです。

複数の単子が集まった宇宙世界があるわけではない……、それが僕の考察です。

はせくら　なかなか難しいお話になってきましたので、噛み砕きながらご教示いただければと思います。

まず、その単子という用語が、モナドとなりますよね。

そのモナドについて最初に語った人が、ゴットフリート・ヴィルヘルム・ライプニッツ氏(みゆきノートまとめ6)。

哲学者、数学者、科学者など幅広い分野で活躍した学者、思想家として知られていますが、政治家でもあり、外交官でもあったマルチな才能を持つ天才です。

17世紀のさまざまな学問を統一し、体系化しようとしたその功績は、モナド論、微積分法、微分記号の他、論理計算の創始、ベルリン科学アカデミーの創設など、多岐に渡りますね。

保江　そうですね。あと、女性を口説くのが得意でした。

はせくら　そのわりには、生涯独身でしたね。

みゆきノートまとめ 6

モナドの生みの親
ゴットフリート・ライプニッツについて

ライプニッツ

・1646−1716　ライプツィヒ出身の数学者・哲学者。
・デカルトやスピノザと共に、近世の大陸合理主義を代表する哲学者
・主著は「モナドロジー」・「形而上学叙説」・「人間知性新論」・「神義論」など。

※ライプニッツは近世のアリストテレスと呼ばれるほどの、万能の天才!
哲学や数学、科学の他に、政治家でもあり、外交官でもあった。
17 世紀の様々な学問（法学・歴史学・数学・経済学・論理など）を体系化しようとした。
業績は法典改革・モナド論・微積分法（微分・積分記号をつくったのもライプニッツ）など。

■ ライプニッツってどんな人だったの?

・土地も人も疲弊した三十年戦争の末期に生まれる。
・父はライプツィヒ大学の哲学教授。母は法学教授の娘。6 歳で父を亡くす。
・8 歳でラテン語を習得し、15 歳で大学進学へ。
・生涯独身。天才過ぎて、なかなか理解されないことも多々あったらしい。
・計算機を発明したのもライプニッツ。
・各界の著名人千人と文通するほどバイタリティがあり社交的。
・モナドロジーを発表し、コンピュータの基礎を作った 1000 年に一度の天才!

ライプニッツによる「４つのモナド」

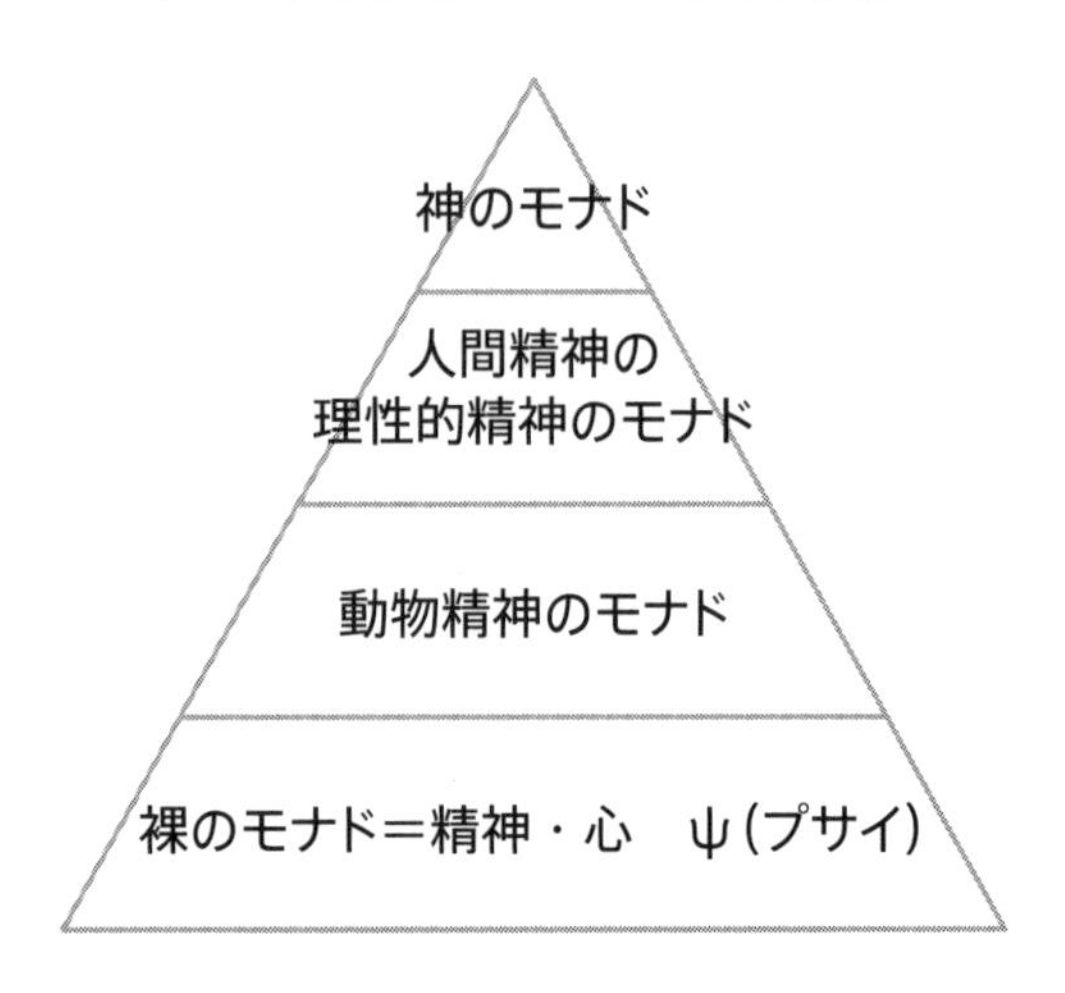

- 単一の実態　→　複合体を作っていない、部分がない
- 部分がないということは……
  広がりも形もないし、分割することもできない
  モナドは一言で言えば森羅万象である
- モナドは発生も終焉も必ず一挙に行われる
  つまり神の行う創造によって生じ、絶滅によってのみ滅びる
- モナドには、そこを通って出入りするような窓はないし、
  実体も具有性も、外からモナドの中に入り込むこともできない

予定調和論（モナド論）
神の予定調和、善なるもの

みゆき考察：それぞれの宇宙理解を言語化するとこんな感じ?

・内なる心の声曰く　→　宇宙は美と秩序で出来ている。

・ライプニッツ　→　モナドの予定調和によって、
世界の秩序が保たれる。

・お釈迦様　→　空が世界の本を為す。（空即是色・色即是空）

・保江邦夫博士　→　宇宙は神の愛そのものである。

保江　女性をたくさん口説くためには、むしろ独身でいなくてはいけない、ということでしょう。

ライプニッツはドイツ人なのに、パリ社交界に出て、マダムたち相手にずっと遊びまくっていたのですよ。それが、彼の原動力です。

今、我々が数学で使っている微分積分などの記号は、すべてライプニッツが数学者として確立したものです。

また、哲学や科学の考察も、すべてはマダムを口説くための道具にすぎなかったのです。

はせくら　今、非常に面白いお話をうかがっております（笑）。

保江　パリの社交界にいるのは、よくある口説き文句は聞き慣れたマダムばかりです。その中にあって女性の興味を引くには、あるレベルの知性がいるのです。

はせくら それはそうでしょうね。

保江 たとえば、この貴婦人は数学的な話が好きだった、こっちの貴婦人は哲学、そっちの貴婦人は天体に興味がある……、というふうにそれぞれ使い分けなくてはいけなかったのですね。ですからライプニッツはもう、女性のためにあらゆる方面の研究をしていたのです。

はせくら ライプニッツについては、いかがお考えですか？

保江 僕はライプニッツが大好きなのです。もう、お手本ですよ。

パリ社交界に出てくる代々のフランスの貴族たちというのは、夫がいても妻は他の男と関係を持つというのが当たり前なのですね。

はせくら 自由ですねー。

保江　こんな話もあるのですが、アインシュタインが相対性理論で有名になり、光量子理論でノーベル賞を受賞してパリに呼ばれました。

招かれたときに、パリ社交界の貴婦人たちが歓迎会を開いてくれたそうです。

その中で、パリ社交界の会長の高齢女性が代表して、アインシュタイン博士に質問をしました。

「先生の相対性理論というのは私どもにはたいへん難しくてわかりにくい。特に時間の相対性というのが本当にわからないのですが、この場でちょっと説明していただけませんか？」と。

登壇したアインシュタインは、それを受けてこう答えたのです。

「時間の相対性というのは、例えるならば、お年寄りのマダムと話をする5分間は1時間に感じるのに、若くて美しいマドモアゼルと話す1時間は、5分間のように感じます。そういうことです」

はせくら　それを聞いた会長のマダムは、何ともいえない気持ちになったでしょうね。

保江　そのマダムが激怒したかどうかは定かではありませんが、これは有名な話なのです。
スイスのベルンに、アインシュタインが住んでいたアパートがあり、今は記念館になっています。そこに行くと、アインシュタインの当時の写真を使った絵葉書が売られているのですが、その絵葉書の一部に、アインシュタインの言葉などが書いてあるのです。
そのうちの一枚に、その言葉があったのです。

はせくら　格言として扱われるレベル……(笑)。

保江　それを見たときに、アインシュタインも奥さんを何回か変えていますし、要するにノーベル賞級の学者、つまり真実を見つけるような学者は皆さん、女性が好きだったのだと思いました。

はせくら　なるほど。

保江　中込君が量子モナド理論を見つけてから、僕もライプニッツについてちょっと調べたりしていたのですが、それで、「ああ、ライプニッツもか」と。

はせくら　お名前のゴットフリートが持つ意味って、「神の平和」なのになぁ……。私はなぜかドイツに縁が深くて、毎年訪れているのですが、初めて行った場所がライプチヒだったんです。

保江　ライプニッツの出身地ですね。

はせくら　はい。ライプチヒのライプニッツさんで覚えました。その場所で、子ども時代にラテン語が読めるようになるって、どれだけ天才なのでしょう。

保江　8歳でね。

はせくら　彼が生まれたのは、当時のドイツ人口の五分の一が犠牲になったとされる、30年戦争（＊ドイツを中心に展開した、新教と旧教の対立に起因する、ヨーロッパ最大規模の宗教戦争〈1618～48〉。デンマーク、スウェーデン、フランスが新教側で参戦したため、国際戦争の様相を呈した）の最中ですものね。

30年戦争は、ウエストファリア条約でなんとか治まったもののあまりの荒廃ぶりで、復興に200年近くはかかるであろうといわれていました。そんな中で生まれ育っていますので、やはり彼の理想は「大調和」だったのはないでしょうか。

いかにして大調和を顕現させられるのかということを、ずっと考えておられたのではないかなと思います。

保江　彼はおそらく、モナドというものを直感的に捉えていたのでしょう。はせくらさんのと同じで、彼も宇宙由来の魂ですからね。

はせくら　そういうことですか。

保江　あちらで既に見てきているから、彼にとっては明らかなことだったのですね。

ところが、自分が生まれた環境は、大調和から最も遠い状況です。成人するまではしかたなくそこに身を置き、いろいろ苦労されたのでしょう。

しかし、やはり本質を知っているので、できるだけそれに近いところを模索、そこに向かおうとしたのです。

結局、落ち着いたのがパリ社交界で、マダムたち相手に、毎晩お酒を飲んだり好き放題したという、それがおそらく生前に見てきたモナド的真実に一番近かったのでしょうね。

はせくら　楽しげで、それぞれがそれぞれらしく、美しく輝いているような世界ですね。

保江　まさに、この万華鏡に見える世界が、いわばパリの社交界だったのです。

そこで彼は、微分積分を編み出し、さまざまな物理法則を見つけられたのですね。

はせくら　ライプニッツが生み出した「二進法」などは、見たことがないとそもそも考えが浮かばないと思うのですよ。

保江　そのとおり。

はせくら　レオナルド・ダ・ヴィンチといっしょですね。

保江　そうなのです。既に見てきてそこに触れてわかっているから浮かぶ……という考えなのですね。

宇宙由来の魂を持って転生を続けている人は、自分で何かを発見したり発明したりしていると思っていますが、実は既に遠い昔に見つけていたものや、あるいはシリウスなどからの指令をキャッチして表現しているのにすぎないのです。

ライプニッツも、絶対にそうだったと思うのです。

「合氣とは宇宙森羅万象の調和なり」

はせくら　そうでしょうね。

とはいえ、**本来私たちは皆、誰もが等しく、宇宙のひとかけらとして、あたかも宇宙wi-fiに接続するがごとく、つながっている存在**だと思うのです。けれども、そもそもアンテナを立てていなかったら、接続しにくくなってしまうと思います。

これからの時代というのは、自らにおける宇宙的な自己ともつながりながら、内奥にあるさまざまな情報層を必要に応じて受け取り、可視世界でも役立てていく、というフェーズに入っているのだと感じます。

保江　そのとおりです。特に昨年（2022年）からは顕著でした。

そういえば、ここ6年ぐらいは毎年、正月頃にはせくらさんとお会いしていますよね。その都度、神父様やいろんな方から、ミッションを言い渡され続けているのです。

はせくら　そうでしたっけ？　すみません。すぐに過去の出来事を忘れてしまって。

保江　昨年の正月には、「今年は何も来ないな、どうなっているんだろうな」と思っていたのですが、1月12日に岡山の書店、丸善で見つけた漫画本があったのです。

『202Xの大予言　コロナから始まったUFO・宇宙人・陰謀論』（黒須義宏著、イラスト　及川幸久監修　ビジネス社）という本なのですが、パラパラと見てみると、まるで僕のことを書いてあるのかと思うくらいの内容だったのです。


主人公が小学生のときにオレンジ色の葉巻型UFOを見て、以来、宇宙人が背後で助けてくれるという設定なのです。

大人になって新聞記者として働いているのですが、いわゆる爬虫類型宇宙人が中国共産党などの背後について世の中をかき乱しており、日本の自民党の代議士もかなりウォークインされているのです。

主人公がその真実に近づいていくと、いろんな妨害を受けたり命が危なくなったりするのですが、アンドロメダ星雲のマリア様みたいな宇宙人たちがサポートしてくれる、というストーリーなのです。


その主人公は合気道をやっていて、合気道は、数ある武道、格闘技の中でも唯一、宇宙人に対しても有効だと描かれており、最初は「そんなアホな」と思っていたのですが、量子モナド理論の解釈で考えてみると、合気道の原理にいたってしまうのです。

合気というのは、実は完全調和側なのですね。

ですから宇宙人に対して有効なのだと、それを読んでわかりました。

はせくら　なるほど。完全調和側にいってしまうと、「戦意」という概念自体も消えてしまいますものね。

保江　そうそう。結局はみんな同じモナドなのですから。

もともとのモナドは1個しかないので、敵対をしないようにこちらのモナドから仕向けることができれば、相手のモナドも調和に変化します。

はせくら　予定調和でくるりとひっくり返り、戦意のない世界へと瞬間的に変換されてしまうのですね。

保江　合気道の元になった大東流合気武術という流派があります。そこには、佐川幸義先生というすごい先達がいらっしゃいまして、合気を自由自在に操っていた方でした。

その方が、最後に残してくださった額があるのです。

「合気とは宇宙森羅万象の調和なり」という。

はせくら　完全調和の場へと戻っていく宇宙の真理が一文に集約⁉

保江　それもあって、漫画の主人公が、合気道は宇宙人に対しても有効といっているのを納得したのだと思います。

そのうちに、神社チャンネルなどを主宰されている羽賀ヒカルさんに、出版社の社長さんを同伴してお会いすることになりました。

羽賀ヒカルさんの東京事務所はここからすぐそばの、神社の横にあるのです。

そこまで歩いて10分ほどの商店街を行く途中に、社長さんに、

「こんな本を見つけちゃって。ひょっとして今年は、僕が今までずっと温めてきた、宇宙人とＵＦＯに関する理解を全部カミングアウトしろという、神様からの司令がきているのか

もしれない」といって、その漫画本をお渡ししました。

そして、羽賀ヒカルさんの事務所に着いて雑談になったとき、「最近、こんな本を見つけたんだ」とお話ししたのです。

すると、羽賀さんが、

「えっ、その監修者は今日の午後、ここに来ますよ」といいました。

「知っている人なの？」と聞くと、

「存じ上げないのですが先方から連絡があって、コラボしたいからということで、打ち合わせに来るんです」と。

それじゃあと、さきほど社長さんにお渡しした漫画を羽賀さんに譲っていただき、

「これをあげるから読んでみてください」といって事務所を後にしました。

僕はその後、他の出版社に打ち合わせに行く予定になっていました。

一人で向かって応接室に通されましたが、そこに社長夫婦が入ってきたときに僕の携帯電話が鳴ったので、断りを入れて電話に出てみると知り合いからで、

「今から六本木に来られませんか」というのです。
「いやごめん、今から出版社で缶詰になるんだ」と答えたら、
「あなたのファンが目の前にいるのだけれど、どうしても会いたいというから呼んでやる
といっちゃったんだ。ダメならせめて、電話に出てよ」といいます。
その方は、アメリカの共和党にいる唯一の日本人顧問だということでした。トランプ大統
領ともよく会うような立場なのだそうです。

そういえば、その漫画に、トランプ大統領は程度の低い宇宙人から地球を守ろうとしてい
ると描かれていました。

それで、電話に出て短い挨拶をすませた後、

「つい最近読んだ漫画の中に、トランプさんが中国共産党やロシアの背後についている宇
宙人の悪巧みを阻止しようとなさっているという表現があったのですが、本当でしょうか」

と聞いてみたのです。すると、

「及川さんの本ですね」というのです。

「ご存知なんですか?」と聞くと、

「実は……」と話してくださいました。

彼がアメリカでトランプ大統領や共和党員たちと話をするときに、通訳を頼んだのが及川さんだったのだそうです。

「彼のネタは、僕らが話した内容も多く含まれていると思います」とおっしゃいます。

「じゃあ、漫画に描かれていた話は本当なのですか？」と聞くと、

「そうですよ」とおっしゃるので驚いてしまって。

がぜん興味を持ちまして、ぜひ一度お会いしたいという話になり、後日、会うことになりました。

饗庭（あえば）浩明さんとおっしゃるのですが、会ってみると日本人離れしたすごく立派な方でした。ある政党の初代党首に任命されて、マスコミに出るようになり、番記者までつくようになったそうです。しかし、その活躍を妬まれたのか党首は辞めさせられて、ニューヨーク支部に飛ばされたという。

はせくら　島流しのような。

保江　そう、マンハッタン島への島流しですね。

「ニューヨークで好きなことをしていればいい」といわれて左遷されたと。そういうわけで、ニューヨークでは好きに過ごしていたそうなのですが、英語が堪能ではなかったので、ちょうどニューヨークにいた及川さんに通訳を頼んだといいます。

そのうちに、共和党の重鎮であるアメリカ人女性の政治家に、パーティーで出会ったのだそうです。そのときに及川さんの通訳を介して彼女にご自身の考えを伝えたら、いたく感銘してくれたということでした。

饗庭さんは、幼稚舎からずっと慶応に通われた、いわばエリートなのです。

いわゆる「**ノブリスオブリージュ**」なのですね。フランス語ですが、直訳で「貴族が義務を負う」という意味です。王家や貴族など、良い所に生まれたからには、徳の高いことをする義務があるのですね。

皆を助けて、国のため人のために、命がけで世の中を良くしていかなくてはいけないという、その概念を「ノブリスオブリージュ」というのです。

はせくら　そのお気持ちで、饗庭さんは生きていらしたのですね。

保江　そうです。

それ以来、饗庭さんとは頻繁に会っていました。彼は、共和党大会に呼ばれては、トランプさんと並んで写真を撮っていたりね。

今は、日本共和党（ＪＣＵ)、つまりアメリカの共和党の日本支部のトップをされています。

トランプさんの背後には、やはり宇宙人情報があるとのことです。

はせくら　トランプさんはそうした情報を開示するといって辞めましたものね。

保江　ですから、こうしたかたちで回ってきたのでしょう。

はせくら　そういう巡りになっているのですね。

保江　トランプさんは、次期大統領選挙に出るといっていますよね。

投票の開封はいまだに手作業で、大統領選挙もパンチカードによるものです。あれだと票のすり替えなどの不正が起こるので、ブロックチェーンで互いに見張りながらのネット投票・開示システムを開発中なのだそうです。

誰に入れたかという情報が絶対に流出しないようにするシステムを今、アメリカで饗庭さんが開発しているのです。彼自身は専門分野ではありませんので、ベンチャー企業に頼んだものがほぼ完成していて、共和党に提案して、次期大統領選挙にはそれを使えるように整えていっているそうです。


そんな話を聞いていた頃に、はせくらさんから電話をいただいたのですよね。

マンデラエフェクト――これまでの認識がいつのまにかすり替わっている世界

はせくら　そうです。いきなり現実離れした質問をしてしまって。
「太陽系は今、ペルセウス腕にいないのですか？」という問いでしたね（＊銀河には中心部分に「棒」の形をしたまっすぐな構造と、その周りに巻き付くような引き伸ばされた構造がある。引き伸ばされた構造は渦状腕であるが、しばしば「腕」と称される）。

その質問については、今回もおうかがいできたらと思います。

マンデラエフェクト（＊事実と異なる記憶を不特定多数の人が共有している現象）などもそうですが、この世界はまだまだ知らないことだらけです。

それで、自分が認識している世界がいつのまにかすり替わっている、マンデラエフェクトを彷彿とさせる事象を集めてみたら、なんと全部で１２３個も見つかったのです。

そのうちの一つが、先ほどの質問です。

私は、昔から天文学が好きだったせいか、太陽系はわりと銀河の渦の外側にある、ペルセウス座腕の一部なんだという理解で記憶していたのです。ですので、それが違っているとは思ってもいなかったのですが、今は、どの本を見てもオリオン腕です。

その感覚が、あまりにもゾワゾワするので、失礼とは思いつつも、天文学出身の先生におうかがいを立てたというわけです。

保江　なるほど。

はせくら　要はこの銀河の中心に近いほうが、文明が進んでいるのであろうと捉えていました。つまり、巷でいわれるアセンションとは、地球が銀河の中心側へとテレポートすることではないかと考えていたのです。

ですので、いつかそうなったらよいなとは思っていたのですが、もう既に、天の川銀河の渦から見て、そこまで端っこではない位置――真ん中より少し外側ぐらいの距離に、太陽系が存在していることを知ったときは、眠れないほど、頭がクラクラしました。計算してみると、銀河の中心から見て52%程度の離れ方でした。

保江　では、ずいぶん真ん中のほうですね。

はせくら　そうですよね。他にも、レオナルド・ダ・ヴィンチの絵とか。

保江　ダ・ヴィンチですか。

はせくら　たとえば、有名なモナ・リザの肖像画は、謎の微笑みといわれていましたが、今、私たちが観ている世界のモナ・リザは、そこまで謎めいているわけではなく普通に微笑んでいるように見えます。

他にも面白いところでは、鏡文字を書いていたダ・ヴィンチですが、絵も鏡文字のように反転させて、元の絵と隣合わせると、宇宙人っぽい顔が出てくるのです。都市伝説のようなお話ですが、一説では、ダ・ヴィンチが宇宙人存在の証拠を示そうとしたのではないかともいわれていますよ。

保江　本当ですね。

はせくら　『ウィトルウィウス的人体図』についても、先生のご記憶では体から出ている手足は何本ずつありましたか？

保江　ほとんど記憶してないですが、足も手も4本だと思いましたが。

はせくら　そうなのですね。私は、3本ずつあった6本の世界を覚えています。若かりし頃スケッチしたことがあって、千手観音みたいだなと思っていました。

今いる世界は、先生がおっしゃるように、手足4本ずつの世界ですね。

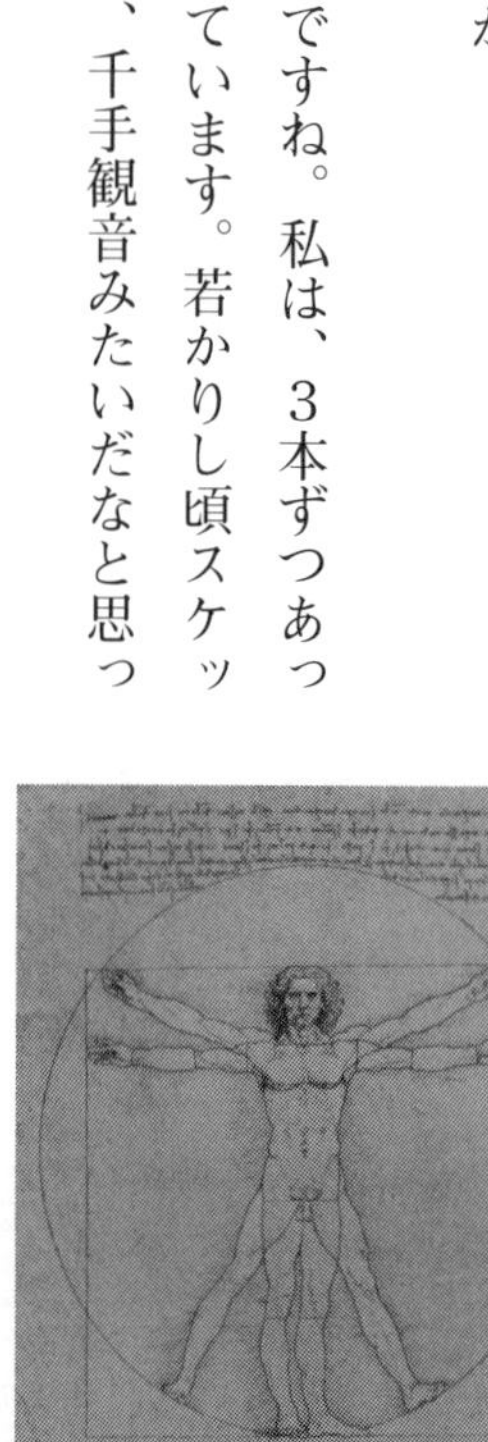
ウィトルウィウス的人体図

他にもう一つ、『最後の晩餐』です。キリストは、弟子の足を洗ったのです。この絵も模写したので覚えているのですが、ボンヤリと見えるキリストと十二使徒の足を描いたような記憶があるのです。けれども今見てみると、真ん中に大きな扉のような壁があるんです。

保江　足が見えなくなっているのですね。

はせくら　本当に、さらりと世界が変わっているように感じます。

保江　モナドでいえば、当然変わるはずですね。（画像を見て）ああ、ほんとだ、こんな壁はなかったですよね。

はせくら　はい。これが現在の世界です。

保江　誰かが描き加えたわけではなく、世界認識が変わったということですね。

はせくら　いろいろ調べたら、修復によって出てきたということにはなっているのですが。それにしても目立ちすぎているように見えます。

保江　そういえば、キリストの隣にいるマリアの首元にあ

最後の晩餐

るこの手は、以前はナイフでした。マグダラのマリアを脅すナイフだったのですよ。

はせくら　マリアに手を当てている男性は、一応ペテロということになっておりますが。

保江　40年くらい前に、その当時トンデモ本といわれていた本の中に、ダ・ヴィンチが描いたキリスト教の真実とかいうものがありました。

そこでは、『最後の晩餐』の中に真実があると表現されていましたね。

そこに掲載されていたこの絵を見ると、たしかにどう見てもナイフだったのです。

はせくら　たしかにこの手は、なんだか不自然ですね。位置も角度も。

保江　そうそう。こんな不自然な手つきはしないでしょう。

これは、弟子たちがマグダラのマリアを除け者にしていたということをダ・ヴィンチが表したかったのだろうという解釈がありました。

はせくら　暗喩していたのですね。
また、ロダンの『考える人』も変化しているのです。先生の記憶ではどんなお姿ですか？

保江　左手を顎につけていたかな。

はせくら　頭の上に帽子は被っていましたか？

保江　帽子ですか。

はせくら　そうなんです。検索すると、裸の姿にベレー帽のような帽子を被った「考える人」が出てきたので、なんだか変だなと思い、数日後に再検索すると、ヘルメットのような被り物になっていたのです。

保江　それはおかしいですね。

ロダン「考える人」

はせくら　どうやらそれは帽子ではなく、蛇に食べられているときの、蛇の頭なのだそうです。それもまた驚きで。
　他の例としては……ベートーヴェンの肖像画です。かつて学校の音楽室でよく見かけたものなのですが、私は小学生のときから、なんだか怖くて暗い表情だなと思っていたのです。

保江　きつい、眉間にしわを寄せたような表情ですよね。

はせくら　けれども今は、わりとイケメンです（笑）。

ベートーヴェン肖像画

保江　ハリウッド俳優のようになっていますね。

はせくら　それもあるのですが、さらに驚いたのが、ベートーヴェンが手に持っている筆記用具です。
　中学生だった私は、当時、その肖像画にある羽ペンが欲しかったのです。でも田舎では手に入らなかったので、落ちている羽を広い、手持ちのペンにくっつけて、羽ペンができた～と喜んでいた記憶があるんです。

他にはオーストラリアの位置なども、記憶と違っています。

保江　あれっ、おかしいですね。そんな位置にありましたっけ？

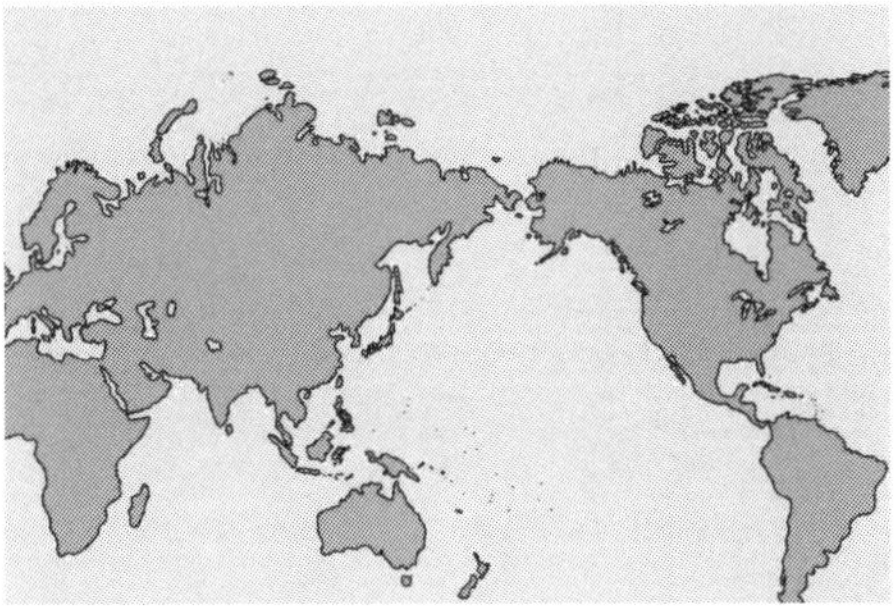

はせくら　そうなんです。もっと南側にあった孤立した島だと記憶していました。

保江　そんなバカな……。

はせくら　そういう世界を今、生きているのです。すごいでしょう。

今のこの時空の世界では、第二次世界大戦のときに、日本軍がオーストラリアを空襲しているんです。

保江　そうですか……。

はせくら　ほかには……、保江先生がエジプトに行かれたときに、ギザのピラミッドの前方にスフィンクスがありましたでしょう。その近くに、小さなピラミッドがありませんでしたか？

保江　ありましたね。

はせくら　それは何個ありましたか？
大きいピラミッドの他に、小さいのがちょんちょんと、すぐ近くにあったはずです。

保江　すぐ近くの2個は覚えています。
もうちょっと離れたところにもう1個あったような気がしますね。そのぐらいです。

ギザのピラミッド

はせくら　それが今、6個あるのです。

保江　増えたのですか？

はせくら　増えています。しかもスフィンクスの手が、とても長い。

保江　もともとはそんなに長くないはずですよね。

はせくら　次は身体編です。私が認識していたときの胸骨は、左右の真ん中が少し開いていたイメージがあるのです。完全に閉じてはいないというか。

保江　それで合っているはずですよ。

スフィンクス

はせくら　いえ、今は全部閉じています。ですから、より頑丈になっているのですね。昔は、胸骨を折ったら体の深くまで刺さって危ないと習った気がするのですが、今は風船状になっていますからそこまで危なくないのですね。

保江　昔の理科教室にあった骸骨模型は、胸骨が離れていたからバランスをとるために針金で吊るすしかなかったのですよね。

はせくら　では、肝臓の位置は？

保江　もっと下だと思っていました。

はせくら　私もそう思っていました。次に……腎臓の位置は？

保江　腎臓は腰のわりと下のほうかな。

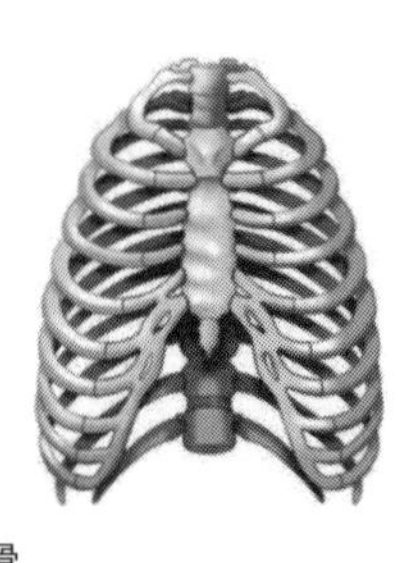
胸骨

はせくら　それで背中側って思っていませんでしたか。

だから、腰が痛いのは腎器官が悪いからだとかいわれていました。

保江　そうですね。

はせくら　今、ここです。

保江　認識よりかなり上ですね……びっくりです。

はせくら　心臓の位置はどうでしょうか。

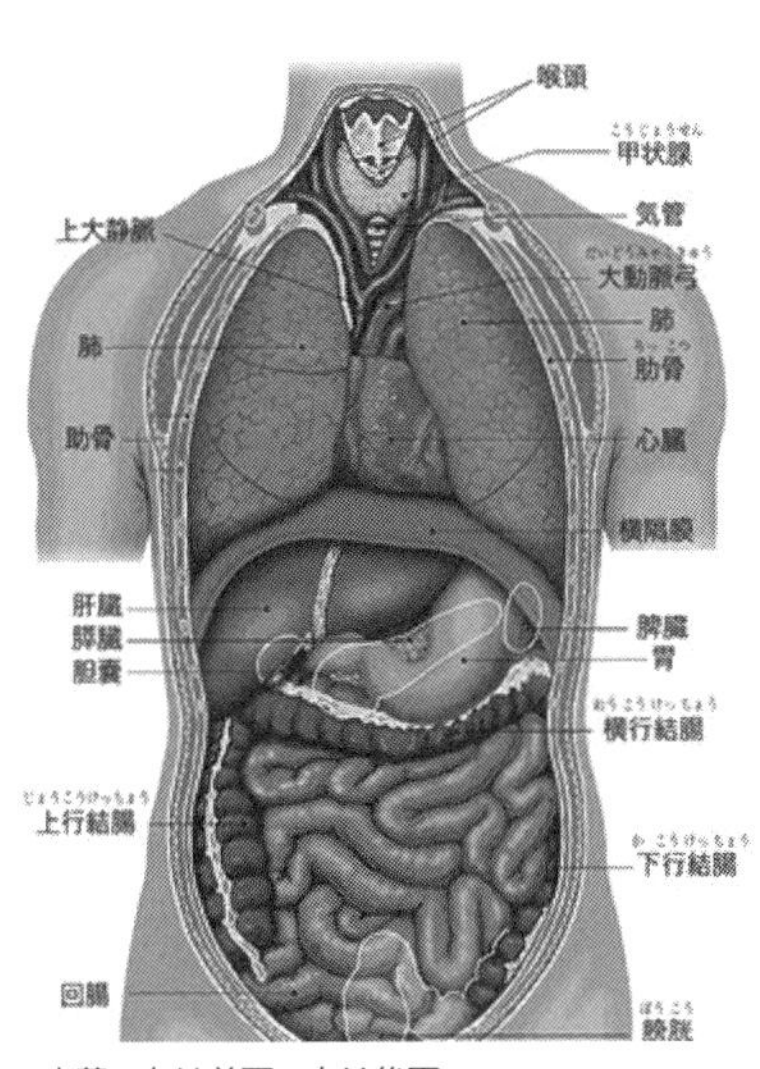

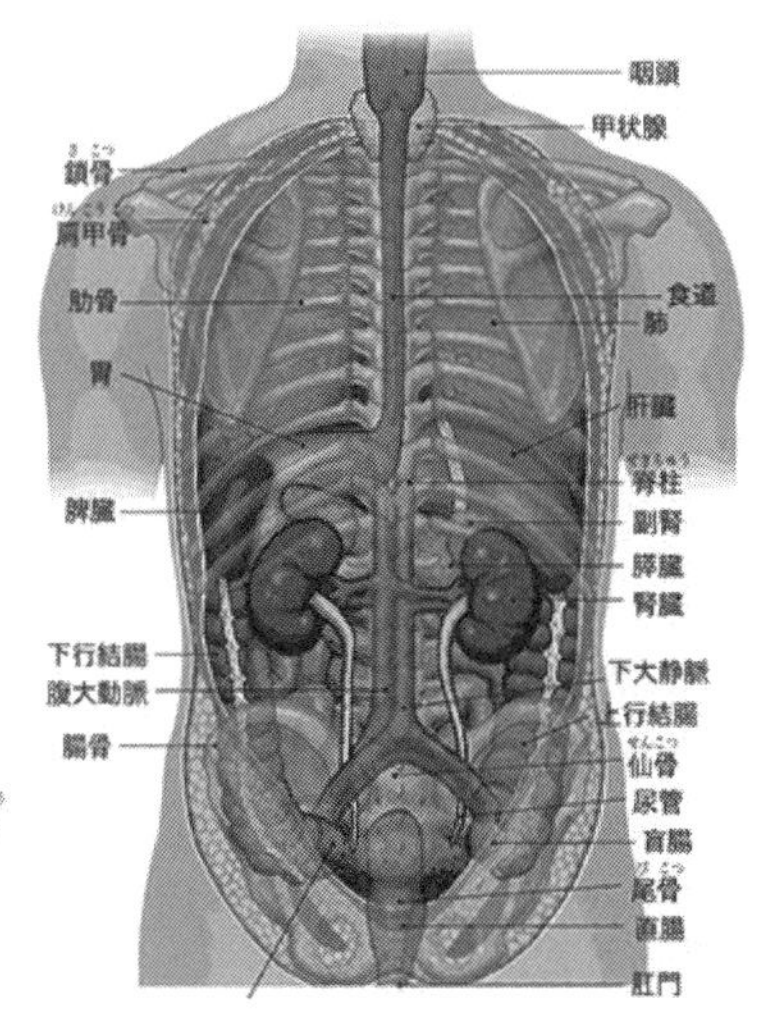

内蔵　左は前面　右は後面

保江　以前は左と認識していたのですが、今は真ん中だといいますよね。

はせくら　そうなのです。そういう世界に住んでいます。映画などで覚えているのは、殺し屋が相手の左胸を狙って……となっていた記憶なのですが、今は胸骨の内側にあるのでそう簡単ではないでしょうね。

保江　昔の映画ではヒットマンには左側を狙われていましたが、今の映画では真ん中を狙われるということですね。

それについては、主治医に一度、聞いたことがあるのです。

「子どもの頃、心臓は左と習っていた記憶があるのですが」といったら、「昔に教えていた知識が、間違っていたんだよ」と。

昔の教育だからですまされてしまいました。

はせくら　それって、間違うものなんですか？

保江　一番大切なところですよね。そこを間違えたら、救命もできないじゃありませんか。

はせくら　ですよね。

そんな数々のモヤモヤをどう捉えたらいいのだろうと思いまして、いろいろと調べてみたのですが、すると心理学の用語として、検索することによって忘却するという、「検索誘導性忘却」というものがあることを知りました。

けれども、それだけでは片付けきれないほど、たくさんあるなぁというのが実感です。

そういえば、今見ている世界認識として、嬉しいものもありました。それが、日本語のルーツです。

保江　ウラル・アルタイ語族の一つではなかったですか？

はせくら　ですよね。私もそう覚えていた記憶があるのですが、違っていたんです。今は日本語と琉球語がミックスした「**日琉語族**」として、どこにも属することのない、独立した言語として扱われています。

「人間原理」はどのように起動するのか

保江　それは嬉しい。

今、思い出したことがあります。

たとえば、ヨーロッパで量子力学を必死に考えていた当時、誰か一人がすごい論理をひらめいても、まったく相手にされていなかったのです。

たとえそれが後世で「真実だ」と認められるようなことであっても、一人の考えでは取り上げてもらえなかったのですね。

はせくら　ヒュー・エヴェレットの**多世界解釈**が、始めは一笑に付されたみたいな感じでしょうか。

保江　それよりももっと厳しい感じです。

エヴェレットの場合は、彼が大学院生で若年だったことも一因でしたから。僕がいうのは、大御所が声を上げても、スルーされるような状況についてです。ところが、その理論についての理解者がポツポツと増えてきて、世界でその理解者が5〜7人くらいになったとき、急にドッと支持者が増え、それが真実となるのです。

はせくら　そういうアルゴリズムがあるのでしょうか。

保江　単なるアルゴリズムではなさそうですが、なんなのでしょう。

はせくら　認識世界の何か……、それこそモナドなのでしょうか。

保江　たとえば、ある物理学者の中でのみこの方程式が真実だというのでは、予定調和が働かないのです。

はせくら　それは、「**弱い人間原理**（『宇宙を味方につける こころの神秘と量子のちから』参照)」として置き換えてもよろしいですか?

保江 そうですね。

要するに、「人間原理」というものが働くには、一人だけではダメなのです。**5~7人ぐらいが認識して初めて、作動する**のですね。

はせくら 表象の世界、認識の世界に立ち上がってくる感じですか。

保江 そうそう。一人だけの世界認識の中で、なにか新しいイメージが湧いたところで、その「人間原理」、つまり予定調和は働いてくれないのです。他の人々の世界認識が変動するほどには、反映されないということです。

ところが、モナドは別でも、似たような論を思いつく人たちがいると……。

はせくら モナドが近似値の人がいるのですね。

保江　そうそう。**予定調和ではなくても、別のところでも似たようなものを見つけるという事例がいくつか出てくるうちに、「人間原理」が働く**のではないかと思うのです。

はせくら　あるところでポーンとひっくり返しが起こるという。

保江　それはよく、科学や物理学の真理や、数学の定理を発見したといったときに起きるのです。

そして、こういったことは、ものすごく重要な方程式なり定理なりといった真理が発見されたときだけで、些末な、枝葉末節なことでは、そうした現象は起きないのです。

はせくら　なるほど……。

保江　もう本当に、宇宙の真理に関することについては……。

はせくら　それが起こるのですね。

保江　はい。真理に近いことを誰かが見つけると、また他の誰かが見つける……、そうした事象は、予定調和ではなく単発で起こることです。

それから、またさらに誰かが見つけるという、それが5～7箇所ぐらいで起きたら、とたんにみんながそれが真実だとわかるのです。場合によっては、2箇所で十分なこともありました。

みんながそれを真実だとわかるというのは、それぞれの思考でわかるということではないと思うのです。

たとえば、クルト・ゲーデルのようなすごい数学者がいいだしたようなことについては、本当をいうと、理論的には難しくて他の数学者には理解できないものです。

それでも、皆がすごいと認める理由は、宇宙人に例えると、この地球に生まれてくる前に、既に見てきて真実を知っているからです。ですから、真実を見てきたというその存在、そのモナドの内部世界としての世界認識の中に、その見てきた真実が反映されるのですね。

はせくら　鏡のように……。

保江　そうそう。それが**何例か、同時進行で起きたら真実になる**のです。

はせくら　ライプニッツ的にいえば、**宇宙を映し出す完璧な鏡**が作用するのですね。
そして、正確な時計のようにそれが反映されて、全体の認識となると。

保江　そのときに必要なものが、降って湧くというような自然発生ではないということです。**今、必要があるものが、既に与えられている**ということですね。

はせくら　自然発生という無秩序、無作為ではなくて、やはり大きな宇宙の意思や経綸に則ったものが、意識の中に立ち上がってくるという感じでしょうか。

保江　そうです。それぞれのモナドの中に立ち上がるのです。

みゆきノートまとめ 7

【世界の本質をひも解く物理学者のあゆみ】

●**人間原理**とは——宇宙やこの世界は、それを人間が認識するから存在している。

●「量子力学」を語るうえで重要となる記号は…**ψ**（プサイ）

シュレーディンガー（量子力学の父と呼ばれる）方程式の波動関数である——ψは、「心」を表している。

●**リーマン幾何学**（非ユークリッド幾何学）によって数学的に、**時間と空間の歪み**が、記述できるようになった。

⇒ここを土台にして出来たのがアインシュタイン博士の「**一般相対性理論**」

●湯川秀樹博士…中間子理論でノーベル賞受賞。

晩年、リーマンの唱えた、「極微の世界は離散的な空間になっている」を発展させ、「素領域理論」を展開。素領域とはそれ以上分割できない空間の最小単位のこと。
それはツブツブの泡にようなもので、その泡と泡の間を、エネルギーが飛び回っているのが**素粒子**。その泡の集まりが**宇宙空間**であると捉えた。

素領域という極微の泡から泡にエネルギーが飛び移っている現象を、私たちは「素粒子が空間を移動している」と認識している、と説明。

●保江邦夫博士…素領域理論をさらに発展させ、数理物理学として、シュレーディンガー方程式（量子力学の基本方程式＆波動関数ψが使われている）へと導き、素領域理論の正しさが数学的に証明される。

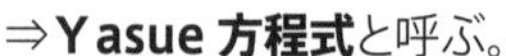

⇒**Yasue 方程式**と呼ぶ。
これにより、微細空間の構造が世界初で解明されることとなる。

●やはり、波動関数ψ（プサイ）が鍵だった！
ψを探求すること＝心・人間・宇宙の本質について探求することでもある。

●中込照明博士…**量子モナド理論**を展開。

量子モナド理論は、一般相対性理論と素領域理論をも包含した究極の理論となる。
量子モナド理論は、「唯心論」的な世界モデルに立脚。⇔機械論的な世界モデル（従来型）
量子モナド理論の別名は、「**唯心論物理学**」と呼ばれる。

——ノートまとめ：『人間と「空間」をつなぐ透明ないのち』（明窓出版）より

パート2　ミッション

——地球で洗脳された3000人の魂を救い出せ!!

はせくら　この宇宙の美と秩序の中に、必要なものが入っている気がするのです。

今の令和という年号になったときに、ＢＢＣだけが、「令和」の意味を「Order and harmony」と伝えました。

「Order」は秩序ですから、その秩序は宇宙の秩序とつながっていきます。だからこそ美であり調和であるのかな？　と思ったんです。

保江　まさに、令和ですね。

はせくら　けっして無作為、無秩序ではないですね。

そういえば私が日々、とても意識している言葉があるのですが、それは「空間」です。

そうか、空（くう）だったんだ、空（くう）の間を生きているんだと思ったら、もう本当に、ここでどんなものが何をしていようが大きなものに包まれていると思える……そんな感覚で生き始められたら、とてもハッピーではないかなと思いました。

保江　そうですね。

「真空」というでしょう。真の空と書いて真空。

宇宙には、真空が広がっているといいます。

今の物理学的な認識の基礎基盤です。三次元的に広がった空虚、何もない真の空、何もない空の広がりです。

僕の物理学的見地は、湯川秀樹先生の素領域理論を基にしているのですが、その考え方の根底には、「もっと詳しく見たら実は違うんじゃないの?」というものがあるのです。

まず、**完全調和**というものがある。それはどんなものかわかりませんので、無定義用語だと思ってください。

それは完全に調和しているもの、完璧な対称性があってとても美しいものです。

はせくら　対称性の世界ですね。

保江　ノーベル物理学賞をとられた南部陽一郎先生の自発的対称性の破れ理論によると、その**完全な対称性があるもの、調和しているものは、必ず自発的に、つまり勝手に破れる**というのです。

まず、真っ白な広がりというか、ゼリーのようなものがあると思ってください。

そこに、「調和がない部分」が生まれて対称性が破れるということが起こります。

それは、何もない泡、つまり、真空の最小単位で泡状の何もないもの、真空の元です。これがたくさんできてしまうという。

はせくら　それが、泡泡としているのですね。

保江　そうです。ハンドソープで、泡で出てくるタイプのものがありますよね。

あれは石鹸の泡ですが、一つ一つの泡の中には空気がいっぱい入っています。

石鹸の液体は白くなって、シャボン玉の縁を形成しています。

完全調和の部分とは、その白い石鹸液の部分です。空気だけがある泡の中の部分は、完全調和ではない部分です。そこは真空、すなわち、何もない空虚です。

我々が真空だと思っているものは実は小さな泡で、その小さな泡の中にしか真空は存在せず、その泡がたくさん集まったものが宇宙だったのです。

我々は、この泡の中の真空がずらっと連なって宇宙の何もない世界を作っていると思っているのですが、実は真空の泡と泡の間には、石鹸の白い成分のように、完全調和の部分が細かく入り込んでいるのです。

ただ、我々はそのことに気づいていないため、この宇宙には真空しかないと思っています。

実は、真空というものは単に空っぽの泡の部分だけで、大事なのはその泡と泡の間の白い石鹸の部分である……。

それは立体的な網のようなもので、いろんな役割機能を果たす部分なのです。

このような概念が素領域理論であり、真空の泡のことを素領域というのです。

はせくら　空間についての概念ですね。

保江　我々は、空間とは何もない隙間のようなものだと思っていますが、その隙間には我々が認識できていない真空の泡と、泡の間の網目のような、完全調和のネットワークが、我々の体の中にも、他の人の体の中にも、人と人との間にも広がっているのです。

はせくら　天網恢恢疎にして漏らさず、というわけですね。

保江　あらゆるところにあるのです。

その中に我々は存在している……、空間の間というのは、必ずしも空ではないということです。空は真空の空ですが、間というのはおそらく完全調和の部分を表しているのだと思います。

昔から、日本の武道でも芸道でも、間が大事だといいますよね。

はせくら　日本の間というのは、時間と空間をそのまま表している言葉でもありますよね。

たとえば、つかの間といえばそれは時間の間（ま）のことですし、先ほどの武道の間（ま）といえば空間ですから。

このように、間という一つの要素だけで、時間と空間の両方を表しているという、古来人の直感のすごさには感嘆しますね。

保江　そのとおりです。

まさに、カタカムナを研究された楢崎皐月（ならさきこうげつ）さんが書き残した「間（ま）」、時間の間（ま）も空間の間（ま）も、ほぼ素領域理論の概念を示しているようなものなのです。

調べてみましたら、楢崎皐月さんが生活していた場所と、当時、湯川秀樹先生がお住まいだった場所が、神戸市の同じ町内でした。

はせくら　同じ町内に⁉

保江　絶対に交流があったと思うのです。そうでないと、楢崎皐月さんが書き残した内容が、あんなに湯川先生の素領域理論の考えに近いのが納得できません。

はせくら　では、**空間の間の中に、完全調和もある**ということですね。

保江　そうなのです。それを感覚的に理解できている日本民族だからこそ、お花を生けるときやお茶を点てるとき、または武道で相手と対するときに、本当は何が大事なのかがわかっているのです。

はせくら　きちんと認識していたからこそ、間合いを取れるわけですね。

保江　そう、間合いですね。
　完全調和のネットワークは自分の体の中にも入り込んでいるし、相手の体の中にも入り込んでいます。
　ですから、ネットワークの「完全調和」の部分に、自分がなんらかの変化を及ぼすことができれば、そのネットワークを通して、たとえ遠くに離れた相手でも、その本質を変えることができるのです。

たとえば、宮本武蔵は「うつらかす」という武術の極意をもって、まず自分を赤心状態、つまり赤ん坊の心の状態にして、すべての敵対する気持ちを消してしまうということをしていました。赤心になると、なぜか相手も赤心になるのです。

はせくら　これがまさしく合気の極意であり、**間合いの美学**なのですね。

保江　そう、間（ま）というのは美学なのです。

おそらく、日本の古来からの風土、日本という土地に育てられたこの文化の上でしか、この事実に気づくことができないのではないかと思います。

はせくら　それはやはり、この日本の特殊な、ある意味、温室育ちの気候と風土と、そして歴史がなせることなのでしょうか。

保江　そうかもしれません。

宇宙人の言葉に一番近い言語は日本語だった!?

保江　話が戻りますが、ロズウェルで墜落したUFOに乗っていた宇宙人のテレパシーを理解するために、なぜ、第二次世界大戦中に日本語の暗号を解読していた専門官が呼ばれたのか、という疑問があります。

別に、暗号解読の専門官であれば、誰でもよかったのではないかと思うのです。

CIAは、ナチスドイツとの戦争中でのUボートの、有名なエニグマという暗号変換装置をわざわざドイツから奪取して解析したり、コンピューターの原理も見つけたイギリスの数学者チューリングを動員して、イギリス英語の暗号システムを解読したりしていたわけですから、ドイツ語、英語の暗号解読官を呼んでもよかったわけです。そちらのほうが数も多いですし、呼び寄せやすかったことでしょう。

しかし、わざわざ日本語の専門官を呼んで意見をもらったということが引っかかるのですね。

先ほど、日本語は昔はウラルアルタイル語、今は日琉語族と呼ばれるようになったとうかがいました。

これは僕の直感ですが、世界中の言語の中で、宇宙人の言葉に一番近いのがおそらく日本語なのではないかと思います。直感というより、事実を見てきたから覚えている……そんな気がして仕方がないのです。

英語もドイツ語も、日本語以外の言語は論理構造、論理的な部分が主です。

しかし、日本語というのはそうした要素は半分くらいにとどまり、他に、絵画とか音楽などと共通の非論理的な部分、俗にいう右脳的な部分を含めることができる言語体系なのです。

実は、宇宙人もそうなのでしょう。

はせくら　モンゴロイドのような宇宙人がいるともいわれていますからね。

保江　そうなのですよ。

宇宙船が墜落した当時のロズウェルでは、日本の新型戦闘機が墜落して日本人の小柄なパイロットが捕まったのだというフェイクの情報も出ていましたし、モンゴロイド的な顔で描かれているイラストもよくありました。

はせくら　日本人と似ていますよね。

保江　だから僕は、日本人というのは宇宙人の魂を宿して、人間として転生している人の割合が、非常に多いと思うのです。

これは、高野誠鮮さんとの対談でもお話ししましたが（『令和のエイリアン　公共電波に載せられないＵＦＯ・宇宙人ディスクロージャー』明窓出版）、ＮＡＳＡで、医師として宇宙飛行士の健康について研究をなさっていた、梅津先生という方がいらっしゃいました。

宇宙飛行士が宇宙空間から帰ってきたときの健康研究をしていらして、ご専門は口腔外科だったそうです。

ＮＡＳＡを辞められてからは、東北大学歯学部の口腔外科の教授をされていました。

その先生からうかがった、ＮＡＳＡの中では常識だったというお話です。

日本の３．11の福島原発事故のときも、水蒸気爆発した瞬間にＵＦＯがヒュンと飛んだといわれています。実は、水蒸気爆発でかなり危険な状態だったのを、ＵＦＯが飛び込んできて止めてくれたそうなのです。

長崎の原爆のときも、広島の原爆のときも、宇宙人が被害を小さくするためにかなり努力してくれたのだとか。もしその努力がなかったら、被害はもっととてつもないことになっていたのだそうです。

実際、本当に1年くらいで、広島も長崎もだいぶんよくなりました。

なぜ宇宙人が助けてくれるのかというと、ある種族の宇宙人が、日本人に恩義があるからだそうです。その恩義というのは何か……、梅津先生がおっしゃるには、

「かぐや姫だよ」と。

実は、あのかぐや姫のストーリーは実話なのだそうです。

かぐや姫が入っていたとされる光る竹は本当は竹ではなく、宇宙船から降ろされたカプセルだったと。宇宙船になんらかのトラブルがあり、子どもだけでも助けようと子どもを入れたカプセルを地球上に下ろした場所の一つが、日本だったのです。

そのカプセルをたまたま竹やぶで見つけたおじいちゃんが、自分たちの子どもとして育て、かぐや姫はすくすくと成長します。

宇宙人は頃合いを見て、大事に育てられて成長したかぐや姫を月から迎えに来ました。そのとき、かぐや姫を奪われまいとそこで弓矢を引いていたような人々は、皆、まばゆい光で動けなくなったということですが、ＵＦＯの機能でフリーズさせられていたからです。

当時、宇宙人の子どもが世界中に不時着したそうなのですが、特にヨーロッパでは悪魔だといわれ、八つ裂きにされたり、ひどい目に遭わされました。

その中で日本だけが、きちんと自分の子としてかわいがって大事に育ててくれたのだとか。その恩義があるので、日本だけは助けてくれているそうで、ＮＡＳＡの人たちも知っているという。それを、梅津先生も聞いたとうかがいました。

はせくら　日本人に恩義があるのですね。そういう資料があるのでしょうか。

保江　資料はＮＡＳＡにあるそうです。

その話を梅津先生からうかがったときは、正直、そんなバカなと思いました。
そんな子供だましみたいな話、梅津先生がNASAの人にからかわれたのではないかと。

はせくら　あまりにも荒唐無稽で、ファンタジーすぎるという。

保江　そう思っていたのです。

ところが、『エイリアンインタビュー』を読んでみると、もともと地球は、ニビルの流刑地だったのです。

はせくら　流刑地にされていたということですね。

保江　ニビルにいた政治的に都合の悪い人や、犯罪者を送り込んでくる場所だったのです。

そうとは知らずに、ニビルとは違う星の人が、地球という非常に不安定な惑星を見つけて、科学的に調査するために3000人規模の前哨（ぜんしょう）研究施設を、今のヒマラヤの上に作りました。

その３０００人の調査員を置いて、宇宙船は自分たちの星に戻りました。

そのすきに、流刑地地球を管理していたニビルの宇宙人が３０００人を捕らえて、火星に送り込みました。火星の地下には、洗脳施設があったのです。そこで、

「あなたたちは、よそから来た宇宙人ではなくて、この地球由来の地球人だ」と洗脳したのです。

３０００人はその洗脳が解けぬまま、今も転生を繰り返しています。

彼らは、その３０００人の宇宙人の魂を宿しているのが誰かということがわからなくなると困るので、目印を埋め込むのだそうです。

それが、一番多く埋め込まれているのが日本人だといいます。

はせくら　どんな目印だったのでしょう？

保江　宇宙人にアブダクション（誘拐）されたという話では、よくインプラントを耳などに埋められたりしているといいますが、それと同様です。
僕の知り合いで経験者が二人いますし、よくテレビ番組でも、ＵＦＯにさらわれてインプ

ラントを埋められたといいますよね。

あれは、実は任意の人をサンプルにしているのではなく、最初の3000人に入っていた人なのです。

はせくら　もともと、その星から来た3000人に関する目印ですね。

保江　3000人の魂を宿している人を、彼らは回収したいのです。

そこで、そうした魂の人を見つけるたびにUFOで吸い上げて、目印になるチップを埋め込んでいます。

本当は、すぐにでも元の星に連れて帰りたいところなのですが、ニビルの洗脳が強すぎて、自身が地球の魂だと思っている間は、地球から離すことができないのだそうです。

つまり本人に、「自分は地球外からやってきた宇宙人だったんだ」と気づいてもらわないとダメなのです。

僕は、その気づきを促すために、これまでの自分の経験や、たくさんの霊能力者から聞いてきたすべての情報を、そろそろオープンにしろといわれています。

それで、そろそろ動かなきゃいけないなと思っていたら、その『エイリアンインタビュー』や『202Xの大予言　コロナから始まったUFO・宇宙人・陰謀論』と出会ったり、饗庭さんにお会いできたり、はせくらさんから宇宙についての質問を受けたりと……。

はせくら　そうだったんですね。

保江　『エイリアンインタビュー』については、手土産にいただいたといいましたが、先日知り合ったご高齢の男性がくださったのです。

東京湾に面した千葉県木更津市に、5000坪の土地を持っていらっしゃる方です。

そこは、もともとは工場だったのが倒産して、競売にかかっていたのを17年前に買ったそうです。

当時、その方が経営されていた会社も孫に譲っていて、ご本人は悠々自適でいらしたそうですが、「自分の人生で足りなかったことはなんだろう」と考えているうちに、天啓を得ました。それは、「地球をきれいにすること」というのですが、ではいったい、きれいにするとはどういうことだろうと。

自分にできることといえば思い当たるのは掃除ぐらい。よく、シニアの方がボランティアも含めて外でもお掃除をされていますよね。そういうことなのかなと。

その頃に、法務局の競売物件に、５０００坪の敷地の倒産した工場が出されたのですね。その工場の中はゴミだらけで、外も草ぼうぼうでゴミがいっぱいだったそうです。

競売物件が載っていたその官報をたまたま見て、「これだ！」とひらめいたその方は工場を落札し、17年の歳月をかけて、コツコツときれいにしていったのです。

はせくら　なんと素晴らしい。

保江　そうなのです。今や、工場の中はスッキリとがらんどうになり、外もすべてのゴミを撤去して、美しい場所に生まれ変わりました。

田んぼを畑にしたり、知り合いの養蜂家を招いてハチミツ作りをしたり、炭を作る新しい技法の研究家にスペースを提供したりしていたそうです。

けれども、そのどれもが結局、ダメになってしまったといいます。蜂の巣が全部台風で飛んでしまい、炭も商品化はとても無理だということで中止になって、担当者たちも撤退してしまいました。それで、結局、これではダメだと思い至りました。

はせくら そういうことではないと。

保江 はい、それでなぜか、ＵＦＯの秘密基地にしたいと思ったのだそうです。

はせくら いきなりですね。突然な発想が楽しいです（笑）。

保江 ＵＦＯが降りてきても敷地内に竹やぶがあるので、そこに着陸させれば外からは見えないとか、工場の中に格納して隠すことができそうだとか、検討するようになったのです。

そして、保江邦夫に頼めば、ＵＦＯを呼んでもらって、地球になんらかの貢献ができるのではないかと考えたようです。

お会いした印象では、本当にまっとうな方で、社会人として、きちんとされていらっしゃる。

その工場跡を自由に使っていいから、ＵＦＯを呼んで秘密基地にしてくれとおっしゃるのです。どうご協力できるかまだ検討中ですが、このように宇宙人、ＵＦＯに関する話がいろいろと舞い込んできています。

ミッション――地球で洗脳された3000人の魂を救い出せ!!

保江　さて、かぐや姫の話に戻りますが、僕はその話はあまりに子ども向けで、眉唾ものなのではないかと思っていました。

ただ、インプラントを埋められている人や、ＵＦＯにさらわれた経験のある人が日本に多いというのは事実です。

なぜ宇宙人がそこまで日本人に関与するのか、かつ僕の身の周りにもいるのかなどを総合的に考えた結果、この流刑地である地球で、洗脳されている3000人を救わなくてはいけないというミッションが浮上してきたのです。

墜落したＵＦＯの搭乗員宇宙人も、その一環で来ていたのですね。

そして、僕は今から20年ほど前に大腸がんの手術で死にかけたのですが、僕が大腸がんになった理由にも、驚くべきものがあるのです。

昔、伯家神道（はっけしんとう）の巫女様にいわれたことがありました。

当時は、「そんなバカな」と思っていましたが、僕はシリウスの宇宙艦隊司令官として、昔、シリウスから部下を送り込んでいたというのです。

その中には、副官として送り込んだ矢作直樹先生もいたりしましたが、全員が捕まってしまい、最後には自らが行って助けようとしたところ、やはり捕まって、洗脳されてしまったのです。

何回も転生しているうちに、僕は自分でそれを思い出し、独力で脱出できるかと思いきや全然できなかった。もうこれ以上待てないということで、今生で最後、次は地球を離れることができるように、S字結腸と上行結腸の間を切る必要があったのです。そこを切れば、この地球の呪縛から解き放たれると。

そのために、急遽そこに大腸がんを発生させて、手術で取ってもらうことになったのです。

その後、伯家神道の巫女様である80歳過ぎの高齢婦人からお告げがありました。

僕の役割は、元の部下たちを見つけて連れ戻すこと。僕の転生は今生で終わりなので、連れ戻すにはやはり、今生しかないのです。

「ということは、そろそろ本格的に始めないといけないな」と思っていたところ、いろいろと重なって起こり出しました。

梅津先生のおっしゃる、宇宙人は必ず日本人を守ってくれるという話は、あまりにファンタジーです。

真理は、今のこの日本に、その３０００人が集結しているということなのではないかと。

その人たちを、今生で救うことができるということなのです。救うためには、その３０００人の魂に、自分たちは実はそうした魂だということを認識させればいいので、その事実が彼らに知らしめられるよう、より広い範囲に伝えればいいのです。

僕は、小学校2年生のときにオレンジ色のＵＦＯを見て、ＵＦＯや宇宙人に興味を持つようになり、それ以外に超能力、霊能力などの不思議現象にもとても心が惹かれて、関連の書籍を読みあさってきました。

天文や宇宙にも興味を持ちましたが、そのまま天文学にはいかずに、理論物理学に向かいました。

理論物理学者としては、普通のことは面白くないからと、湯川先生の素領域理論をずっと学び、量子論の根底、つまりこの宇宙の根本原理を解明してきたのです。

僕も70歳を過ぎて、余生はあと20年ぐらいでしょう。

その20年の間に、今回の課題をやり残すことなく完了しなくてはいけないのですが、今まで僕が関与していたすべてのことが、この『エイリアンインタビュー』にはありました。

超能力、霊能力、宇宙人、ＵＦＯ、素領域理論、モナド理論に至るまで、すべてこれに書いてあったのですから、結局、僕には宇宙人の魂として彼らを助ける役割があるのだと思うにいたったのです。

僕は、３０００人の元の部下を助けに来たものの、ニビル人に捕らえられ、ずっと転生を繰り返してきました。

そして、今生は宇宙人だった頃に真実とされていたことだけに興味を持つような人生を歩んできました。

それを、この70年間をかけて、自分なりに納得しつつ歩んできたと思います。

僕が習得したことには、合気もあります。合気は武道の奥義ですが、それも宇宙人にとっては真実であり、当たり前のことでした。

その合気をやってきたことも、僕の役割の一部だったのだと、この本のおかげで納得がいきました。だからますます、今、みんなにこの事実をお伝えしたいのです。

普通なら、物理学者として、こんな内容の本を出版するのは恥なのかもしれません。でも、そうしなければ、宇宙人の魂を宿している３０００人の日本人の目に触れることができないのです。

彼らがこれを読んで、左脳の思考で、「何をバカなことを書いているんだ」と思ったとしても、彼らの本質の部分に触れることはできる……思い出してくれるきっかけにもなると思っています。

僕が帰るときに、彼らをいっしょに連れて帰りたいのです。その第一波としての僕の動きが、今回のような話にまで及んでいるものと思っています。

はせくら　ところで天文学の分野で、再びおうかがいしたいことがあるのですが、よろしいでしょうか。

保江　はい、どうぞ。

はせくら　質問は宇宙の大きさについて、なんです。今まで、観測可能な宇宙の大きさは、１３７億光年とか、１３８億光年として覚えていた記憶があるのですが。

保江　一応、そうですね。

はせくら　けれども最新の研究では、観測可能な宇宙を円として観たとき、その半径は４６５億光年で、直径にすると９３０億光年になるのです。いきなりそこまで広がるとは、どう捉えたらよいのでしょうか。

保江　実際にその距離で観測されたという意味ではないのですよ。

137億光年の広がりがあるという意味は、この宇宙開闢（かいびゃく）のビッグバンが137億年前と推定されているので、その間、光がどんどん広がってきたとしたら、137億光年まではいっているということなのです。

ところがそれに対して、「はたして、今の光のスピードと同じスピードで広がっていたのか」という疑問が出てきたのです。

1光年＝9兆4608億kmというのは、今はそうですが、宇宙開闢のときの、あるいは今から1万年前とかの1光年がやはり9兆4608億kmであったと考えるのは、あまりに単純じゃないかと考える天文学者が増え始めたのです。

また、宇宙の膨張がどんどん加速してきているといいますから、これも考慮しないといけません。

光の速さは、昔はもっと速かったのかもしれないし、あるいは遅かったのかもしれません。

何も手がかりがなく、過去においての光の速さは観測する術もないので、模索するしかないのですよ。

ビッグバン当時の宇宙の密度やさまざまな物質の存在確率を考えたり、光が生成しては消滅するとか、ジグザグに飛ぶかもしれないというようないろいろな可能性を考慮する中で、今のダークマターがないと計算が合わないということが起きてきたのです。

このままでは、宇宙がどんどん大きくなってしまって止めることができない……、それを止めるにはどうすればいいのかと、いろいろな考えをそれぞれの学者が発表してきました。

その中で、たしか日本人の学者だったと思いますが、昔は光の速度がもっと速く、実は465億年（＊460億年という説もあり）が正しいと発表したのです。

はせくら　そうだったのですね。実はどうして、このことをおうかがいしたのかというと、今まで真理だと思っていたものが、いとも簡単に覆（くつがえ）っていくことに驚きと感動があったからなのです。しかも、今までの認識と数倍変わっていることに。

保江　これまでの人間科学で突き止めたと思っていた事柄が、実はとんでもない間違いばっかりだということに対しての認識ですね。

たとえば、昨夜たまたま行ったクラブに同行した一人に、ダイヤモンド鑑定人がいたのです。エリザベス女王のダイヤの鑑定までした人です。

その人との雑談で、彼が、

「ダイヤについて、ちょっと相談があるんです」というので、

「僕は、そんなお金はないから買えないよ」といったら、そういう話ではありませんでした。

「今の化学や鉱物学では、ダイヤはどうやってできるということになっているか、ご存知ですか？」というのです。

僕は、それについて聞いたことがありました。

非常に稀(まれ)なことなのですが、地中深くでドロドロに溶けているマグマの一部が、超高速で地上に向かって吹き出てくることがあります。

そのときに強烈な圧力を受けたマグマが急激に冷えることで、ダイヤの結晶ができるのだそうです。

その勢いは、飛行機のジェット噴射よりもものすごいものだと。

それが岩盤に押さえつけられ、その岩盤の隙間をかき分けて超高圧噴出し、地上に出て急激に冷やされる……、その中にダイヤの結晶ができているといいます。

通常の火山の噴火のようにマグマがゆっくりと垂れてきたのでは、ダイヤはいっさいできないそうです。

それが定説になっているのですが、彼は、なにか変だというのですね。もしそうだとすると、ダイヤの大きさは、1カラットにも満たない小さなものしかできないはずだというのです。

しかし、実際は大きいものもたくさん出てきています。

小さいダイヤが取れる場所は決まっていて、アフリカ、ロシア、カナダあたりです。地球からマグマがすごい勢いで噴出するのなら、他の場所も同じぐらいの確率であるはずなのに、場所が限定されている。

隕石が激突してその圧力と熱で、炭素がダイヤになったのだろうという説もあるのですが、それにしてもそのくらいの衝突でできるのは小さいものでしかなく、やはり1カラット前後だそうです。

それと、たまにしか見つからない、ものすごくカラット数の大きなダイヤのかたまりの中に、少量ながらも他の石が含まれていることがあるという。
　たとえば、硫黄などが混ざっているのです。

はせくら　カラー石が入っているということですね。

保江　そうなのです。それが、鉄を含んでいるのです。ダイヤは炭素のみですから、鉄が入っていることはありえません。
　ところが、マグマの中はほとんど鉄なので、ドロドロに溶けたものがものすごい圧力でビューンと上がってきているときに、大きなダイヤのかたまりなんていうものはできません。
　仮にできたとしても、その中になぜ鉄が溶けて、鉄の部分だけは小さくなっているのか……、これはおかしいというのですね。

はせくら　なんだか変ですね。

保江　変です。炭素と鉄とが適度に混じり合った鉱物になるのが当然なのですが、鉄が主な鉱物の周りに、炭素だけのダイヤモンドが大きなかたまりを作っているという。これは、どうやって形成されたのかの説明ができません。

しかし、ダイヤモンド業界では、そのことについて誰も言及しないのだそうです。業界の中にも、ちょっと奇抜なことをいう人もいるそうで、

「ダイヤモンドは、地球ができる前からある物体だ」といっているとか。

「それは、どういう意味でしょう？」と僕に聞くのですが、いくら天文学科を出たからといっても、ダイヤモンドのそんな話を習ったことはありません。

それでも、少し考えてみました。

思い出したのが、今のこの地球や太陽系は、第2世代の星だということです。

ビッグバン以降、宇宙にできた電子とクォークが素粒子を作っていき、最初は水素原子核のみがあり、水素ガスが集まって核融合反応を起こして、星を作りました。

そこからも続く核融合反応で、重い元素をどんどん作っていって、そのうちに重さに耐えられなくなり、超新星爆発して散り散りになりました。

今の理論では、それが今から70億年前だといわれています。超新星爆発で、宇宙中に、核融合された重い放射線まみれの汚染物質がばらまかれてしまったのです。その後、それらが重力でだんだんと固まり始め、集まってできたのが第2世代の星です。地球も太陽も、そうしてできました。

超新星爆発で、さまざまな重金属を含むあらゆる物質が散り散りバラバラになったものが重力で再び集まって、固められたのが地球であり、太陽でもあるのです。そうして固まるときには、いろいろなものを巻き込んでいます。ストロンチウムもあれば、ウランもあるのですが、それらが地球の核を作ったのですね。

はせくら　固体の内核と液体の外核、ですね。

保江　はい。圧力が高い中心部分では鉄も溶けてドロドロのマグマとなりますが、それらの素材は、超新星爆発のものすごい圧力でできていて、その中に炭素がダイヤモンドになった大きな粒が含まれているのです。

それが重力で引っ張られて固まっていったと仮定すると、鉄を主成分にする石の周りをダイヤとなる炭素が覆い、結果、真ん中に別の石が入っているようなダイヤも出てくるのです。

ですから、ものすごく大きなダイヤが地球上で見つかるのも当然ですし、第2世代の星ができ始めた頃、いろんな破片が固まったものが集まった中に、ダイヤもまんべんなくあったのだろうと推測できます。

つまり、大きなダイヤに関しては、地球上の限定された場所だけにあるということではなく、いろいろな所でときどき見つかるのです。

しかし、今は誰もこの説を知りませんから、「マグマがすごい勢いで飛び出るときに、たまたまうまい具合に圧力が高まってダイヤができた」と盲信しているのだそうです。

はせくら　妄信している、そういう世界にいるのですね。

保江　そう、今はね。

つまり、科学的な理解が変わるというよりは、間違った理解をしていたのが、正しい理解に変わっただけなのです。真実に気づいたといったほうがいいでしょう。

はせくら　なるほど。今までが間違っていたのですね。これから、どんどんそういうことが出てくるのでしょうか。

保江　そうですよ。楽しみですね。

はせくら　それこそ、今いる世界は、地球と天の川銀河の中心からの距離が、以前より近い場所にあるとされるように。

きっと、この**令和の時代というのは、今まであったフェイク情報から真実が明かされ、暴かれ、そこで認識が変わるという時代**なのですね。

保江　はい。そう思います。

観測可能な宇宙の半径にしても、今まであらゆる方向に１３７億光年の距離である、という間違った情報を叩き込まれてきましたものね。

はせくら　はい。すっかり信じ込んでいました。叩き込まれていました。

保江　もうそれが、常識でしたよね。

ところがそうではなかった……、465億光年はあるという、より真実に近い説がやっと発表されたのです。

はせくら　やっと来たのですね。

保江　それと同じことがたくさん起こって、いろんな科学分野で常識が覆(くつがえ)りますよ。

はせくら　面白いですね。たくさんの常識が覆されていく世界って。

保江　日本語が持つ言霊ですが、世界の成り立ちの根底にその響きがあるのだという真実も、浮上してきていますよね。

はせくら　空海さんが著された、声字実相義（しょうじじっそうぎ）の奥義がそうでしたものね。「五大に皆響き有り」と。

保江　それにやっと近づきつつ、理解が及びつつありますね。

ウラルアルタイ語族から日琉語族へと格上げになったというお話も、自動的に成されましたから、これからもっとそうした事象が現れてくると思いますね。

はせくら　日本人、頑張ろう！

保江　その根底は、宇宙人にあるのです。先述のように、日本人の中には本当に多くの宇宙人がいます。

そして今、地球にやってきて観測している宇宙人は、日本だけは守ってくれています。

なぜなら、日本がなくなったらもうこの地球は単なるニビルの流刑地であり、宇宙人にとってどうでもいい星になるのですから。

はせくら　流刑地というか、開拓地としてニビルが活動していたともいえますよね。

メソポタミア神話におけるアヌは、ニビルからきた存在で、その子どもである3人の神々——エンキ（エア）、エンリル、ニンフルサグを通して、さまざまなストーリーが展開されていきます。

これらの存在が、本当に神話の中だけの存在なのかも含めて、人間界にどう影響を与えてきたのか、これからだんだんと明かされていくのではないでしょうか。

保江　そうですね。

はせくら　このアヌの子孫たちは、世界中の神話にも登場して、私たちの思想や信仰に影響を与えていきます。

たとえば、エンリルの孫にイナンナという女神がいるのですが、彼女は、ギリシャではアフロディーテ（ヴィーナス）やアテナと呼ばれるようになります。加えて、メドゥーサもイナンナが持つ性質の一部です。
他にも、アヌの子――ニンフルサグのエネルギーは、やがて女神ガイアとなったり、マリア意識の原型となったともいわれています。

保江　興味深いお話ですね。

イマジナル・セル――私たちの中にある夢見る力

はせくら　ここに、私の近著である『夢をかなえる、未来をひらく鍵　イマジナル・セル』（徳間書店）という本があります。この原稿を書きながら気づいたことがあるのですが、シェアしてもよろしいでしょうか？

保江　もちろん！

はせくら　この本は、チョウが卵から成虫になるプロセスを描きながら、それを人間の成長や人類の歴史のメタファーとして捉えて書いた絵物語＆エッセイです。

　この本のポイントとなるワードは、タイトルにもある**「イマジナル・セル」**なのですが、まずは、一個の卵からチョウになるプロセスについて共有できればと思います。

　絵本『はらぺこあおむし』（エリック・カール著　もりひさし翻訳　偕成社）にもあるように、イモムシの時代はものすごく食いしん坊なんです。

　なんと、体重の2万7000倍となる量の葉っぱを食べるのだそうです。まるで、現代の唯物的な物質文明のように。

保江　そうですね。たしかにイモムシがいると、葉っぱが筋ばかりになりますね。

はせくら　そうなんです。こうしてイモムシは脱皮を繰り返しながら成長し、やがてサナギになります。この中に入っているのは……どろっとした液体です。そこからチョウへと完全変態していくのです。
　とはいえしばらくは、イモムシの細胞が優勢です。ただ、その中にあって、ポツン、ポツンと風変わりな細胞が生まれてくるのです。

それが、イマジナル・セル。彼らは、**ＤＮＡの中に刻まれた記憶として、生まれたときから自分はイモムシなどではなく、チョウであることを知っている細胞たち**です。

彼らは、単細胞として生まれるのですが、しばらくはイモムシの免疫システムから、異物として扱われ、次々と殺されてしまうのです。

それでもめげずに増えていくイマジナル・セルは、独自の周波数で会話し、他のイマジナル・セルとコミュニケーションをとるようになるのです。そうして、クラスターが形成されていきます。

するとある時点で、ティッピングポイント（転換点）が起こり、今までさんざん攻撃していたイモムシの免疫システムが、イマジナル・セル側へと寝返り、天敵がいなくなるのです。

こうして、イマジナル・セルたちは、それぞれの行きたいところへと集まり、眼になりたいもの、翅（はね）になりたいもの……として集まり、本格的にチョウになる準備を始めるのです。

保江　イモムシの細胞はどうなるのですか？

はせくら　溶けて（死んで）、ドロドロのスープとなります。けれどもそのスープこそが、チョウになるための栄養になるのです。

なんといいますか……死んで生まれ変わってお役に立つのですね。

保江　意味深ですね。

はせくら　ですよね。こうしたプロセスを経ながらチョウへと変わっていくのですが、イモムシ時代にはなかった翅は、折り紙のように折り畳まれて収納されています。

やがてときが満ち、サナギからチョウが生まれるのですが、そのときは必ず、自分自身の力で殻を破り、もがきながら出てこないといけないのです。

この、**「もがく」ということがまた大切で、もがけばもがくほど翅の筋肉が強くなって、飛ぶ準備ができる**のです。しかもそのときの栄養源があの、イモムシスープです。

ただこのとき、とても無防備になるため、生まれたとたんに食べられてしまうということも多々あるようです。
そんなリスクを乗り越えた超幸運なものたちが、空を飛ぶチョウとなって私たちの目の前に現れてくれるわけです。
そんなチョウたちが観ている世界は、劇的に変化しています。なぜなら、それまでの世界は、葉っぱしか見えないであろう、左右6しかない眼でしたが、チョウになったとたん、アゲハでは1万8千以上ある複眼となる世界が拡がり、空も野原も見渡すことができるようになります。また、食べるものも葉っぱから、甘い蜜へと変化するのです。

保江　感動的なストーリーですね。

はせくら　そうなんです。この自然界の絶妙なる仕組みを知ったとき、実は、私たち一人ひとりは、この星における、イマジナル・セルなのではないかと感じたのです。
では、人間界における「イマジナル・セル」とはなんだろう？　と思い心に問うと、すぐさま、ジョン・レノンのイマジンの歌が流れてきました。
そうか。イマジナル・セルがもつ形質とは、私たちの中にある夢見る力――イマジン(Imagine)のことだったんだ！　と、スパークするような感覚でひらめきました。
同時に、「語源を調べよ」という想いも浮かんだので、さっそく調べてみることにしたのです。

すると、イマジナルの語源は二つ。一つは、成虫になる細胞という意味。もう一つは、今お伝えした、イメージをする、という意味あいのイマジナルでした。
さらに、このラテン語としての語源も調べてみました。そこで行きついたのが聖書です。創世記にある言葉――imago Dei（イマゴ・ディ）でした。

保江　それは、何という意味ですか？

はせくら　「神の像（かたち）」です。私たちは、生まれたときから神を象（かたど）ったものとして、既に神の像を内在している……、そこに気づき、そこから生きることで、新しき未来を創ることができるのですよ、というメタファーが込められているのではないかと感じました。

保江　すごい。とてもいいお話です。

はせくら　私も知ったときは、眠れないほど興奮しました（笑）。

保江　よくそこまで行きつきましたね。
　ちなみに僕は、ダーウィンの進化論は絶対に嘘だと思っているのです。

はせくら　ダーウィン自身も、「進化論に最も当てはまらないのが人間だ」ともいっていましたしね。

保江　いったい、どう考えたら、イモムシがチョウに変態できるのかと。
　プロセスを設計し、その設計図どおりに見事に動いて一体化するという……、これはもう、神業以外の何ものでもありません。

はせくら　サナギの中で休眠中のイマゴ・ディ、つまり自らのイマジナル・セルが目覚めることによって、イモムシはチョウへと変身します。

ここで、先ほどお伝えした神話の姫君――プシュケがつながるんです。イマゴ・ディにある神の像（かたち）へと神上がりしていった人の名がプシュケでしたよね。そんなプシュケの背中に生えているのは、チョウの羽です。

プシュケはプサイ（ψ）の元となり、精神、息、生命、魂、永遠、不死を意味するものとなりますので、これが私たちの本質であるということが腑に落ちたのです。

保江　プシュケの神話の話も素晴らしいものでしたが、今のお話もたいへん素晴らしいですね。その内容が、絵本と文章になっているのですね。

はせくら　そうなんです。

ただ、絵本部分はすぐにできたのですが、生物学と関連した資料が、日本語ではあまり見つからなかったので、結局、海外の論文から引っ張ることになりました。そこまで英語が得意ではないので悪戦苦闘しながら、なんとかかたちになったのです。
　この原動力となったのは、チョウとイマゴ・ディがつながったときの衝撃で、どうしても皆と分かち合いたいと願いました。

保江　すごいな。内容も感動的です。

はせくら　ありがとうございます。
　この本を作っているプロセスの中で感じたのは、自分がチョウであることを知っている細胞――イマジナル・セルって、サナギの中で生まれたときは、けっこうやられてしまうのですね。皆とまったく違う波動を出していて風変わりですし、かつ群れずにいる単細胞たちですから。

保江　日本の社会もそうですよね。

はせくら　異分子は排除してしまえ、という意識が強いですものね。

結局、今の時代においても、同じ意識を持った人たちが自立した個人として集いながら、それぞれの個性、得意技を生かし、新しい未来を創造していけばいいんだよ、ということを、この自然界の在りようが示唆してくれているのではないかと感じました。

保江　まさに、そこですね。

ライプニッツは、パリの社交界においてマダムたちの興味を引くためにいろんなことをしていたということもありますが、人間社会をよりよく理解するために、最終的に彼自身が納得できる理論、考え方として、単子モナド論を展開したのでしょう。

キリスト教における神とはなにか、人間とはなにかといったことを理解するためのモナド論だったわけです。

おそらく彼も、イマジナル・セルだったのではないかと。

はせくら　まさしく、そうでしょう。

保江　ライプニッツもそうですが、彼の知り合いにも、さまざまな異端者がいました。

その異端者同士は、直接連絡していなくても、あるとき、神の計らいとしかいえないような状況で遭遇しています。

たとえば、ロシア革命が起きる前の、マルクスとレーニンの出会いですね。マルクスが放浪しているときに、たまたまレーニンと出会い、レーニンがマルクスにお金を融通してくれたのです。そのレーニンが、マルクスの理論を上手に話すことで、農民を扇動することにつながりました。

たまたま出会った……、偶然としかいいようのないようなことでしたが、それがなかったらロシア革命は起きませんでした。

ヨーロッパ中世の歴史では、そうしたことがたくさん起きていたのです。

イマジナル・セルである異端者同士は、互いに連絡先も知らなかったのに、なぜかうまい具合に出会って一つのアナーキー的な組織を作ったり、それがまた別の組織と融合したりしました。そこでパリ革命が起きたりなどして、世界がガラリと変わるのです。

ライプニッツは、人間社会のそうした現象を理解しようとしたときに、予定調和というものに気づいたのではないでしょうか。神の計らいとしての予定調和が、人間同士の中にあるのだと。

わかりやすいように「単子」というモナドを人間の心の代わりとして置いて、その間に実は、予定調和があるとしたのだと思います。神の計らいとしてある予定調和とは、神の存在をも証明していることになりますから、そうした展開をしていったのでしょう。

革命とまではいかなくても、変革の背景にあったそうした異端分子同士の有機的なつながりを見聞きして、思考をしていったのだろうと思うのです。

はせくら　私もそう思います。

いろいろと調べていく中で、ずっとベースに流れていた考え方が、インターコネクティブという相互接続性を持つ、という世界認識でした。

さらに、それらを構成する元となる因子は何かと考えたら、まずはたった**一人から始まる「夢見る力」――イマジネーションの力が起点**となっているのだということがわかったのです。

ということは、自己の想いを見くびることなく、内なる想いを種として、理想の姿をありありと思い浮かべながら、その意図に沿って、今できることをしていけばいいのではないかという考えにいたりました。

そうした心の作用や行動が、水面下では相互接続性を持ってつながり合い、結局は全体が、一つの有機体のようにして働きながら、物事が為されていくと思うのです。

プサイが表すのは、予定調和や神計らい

保江　そういう**神とつながった人間の本質を、論理として表したのがモナド理論**なのです。

はせくら　なるほど！　モナド理論とはそういうことだったのですね。

では、モナド理論の中に出てくる記号、プサイ（ψ）をあえて言語化するなら、どのような意味を持つのですか？

保江　**プサイは予定調和**のほうですね。

はせくら　予定調和ですか！

保江　完全調和の側からの予定調和、神計らい、それ自体を表すのがプサイなのです。

はせくら　ということはもう、私たちというのはこの予定調和の中で神遊びをしているというわけですね。では、宇宙の大いなる流れに沿って生きていれば、勝手にうまくいくということですか？

保江　そのとおりです。それが、人生の中で僕が直観で得たものです。そのとおりを生きてきたのです。

はせくら　たしかに……先生は、いつもありえないほどのラッキーが起き続けますものね。

保江　はい。

はせくら　幸福にストーカーされています？（笑）

保江　ときどき、僕の人生のすべてのフェーズで、もし、まともな、標準的な選択をしていたらどうなっていただろうと思うのですが、きっと、悲惨な人生を送っていたのではないかなと。今頃、のたれ死んでいたかもしれませんよ。

はせくら　常識的な選択はなさってこなかったと。

保江　常識的なことばかりでやってきていたら、その都度失敗して、その都度ダメなほうにダメなほうにいって、誰の記憶にも残らない埋もれた人生だったかもしれません。
いろいろなフェーズで、「なんでそんなバカなことをするの？」と思われるような選択ばかりしてきたからこそ、いろんなことがわかったのです。

はせくら　体を張って会得されてきたのですね。
モナド的にいうと、そうした先生の行為が、他にも影響を与えてきたということですね。

保江　予定調和を介して、他のみんなにも影響を与えていたはずですよね。以前は、僕が与えられる影響はそれほどなかったかもしれませんが、最近はわりと大きくなったかなと思います。

僕は、頭の中が子どもの頃のままで、要するに歳を取っていないのです。進歩していないともいうのですが、もとより全部を知りつつこの世に出てきているので、進歩はいらないのです。

「いまさら、進歩する必要もないし」と、そんなことをいったら高慢に聞こえてしまうでしょうね。

でも、僕はただただ楽しければ、ただただみんなと笑顔でいられればいい、それだけなのです。他に何も考えたことがないので、バカともいえるかもしれません。

そのイマジナル・セルの人々、それから捕虜になっていた3000人が、この日本で有機的につながっていって、お建て替えの雛形が日本で花開くと思うのです。

おそらく、今ここで、二人でいろいろとこうした話をすることで……、互いの理解をさらに深めて共通概念を再確認することで、やっぱりそうだという結論に達するという、それだけで既に予定調和なのです。それが、瞬時に広がっているのですね、きっと。

はせくら　もう既にね。

保江　その変化に気づいたモナドたち、つまり人々は、この本をちゃんと手にするのですよ。「あ、これだ！　これを求めていたんだ」とみんなが気づいて、この地球からおさらばしてほしいものです。

はせくら　地球卒業ですね。

これを本という形にしたかった理由の一つとして、管理社会、超監視社会へと向かって、現在進行中なので、今後大変になる、といった論調もありますよね。

けれども私の中では、それもありだと思いますが、そうでもないとか、それほどでもないバージョンも存在すると思っているのです。

とはいえ皆が同じ一つの現実を見るというわけではなく、それぞれの人の認識、日々の振る舞いや想念、言葉、それらの総体が一つの基盤となって、また、そこと同じ周波数のものがつながりながら、この世界もできていくのです。

別に、一つに縛る必要はない。

ただ、それに適したうまい言葉がないのですね。


そんなときにモナドに出会い、「これだ！　モナドだ」と思ったのです。

この世界の豊かさの多様性、それを含む大いなる予定調和の神なる世界というのがわかった上でクリエイションできたらと。

このホログラフィックな世界は、豊かさに満ちており、わざわざ決定論的に悲観論者(ペシミスト)的な世界ばかりにいかなくてもいいよ、ということなのかなと思いました。


保江　そのとおりです。中込君の本の最後のほうに、中込君自身が書いています。

「ひょっとして人間というのは、一つのモナドではなくて複数のモナドで一人なのかもしれない」と。

「モナドが三つ四つ集まって、それがメタモナドというように、モナド三つからなるモナドがあり、それが百個集まって一つのモナドと思えるものに進化していく。そのようにモナドが変遷していく可能性も、本当は論じなくてはいけないのかもしれない」

そう書いてあるのです。

たしかに今、はせくらさんがおっしゃったように、イマジナル・セル同士が集まって、だんだんと何か関連したものになったのも、それもまた一つのモナドですね。

はせくら　そうですね。

ですので私の仮説としては、どの段階で見るのかというだけのことなのだと考えています。

包含されたモナドの一つのフェーズとしては、ある個数――N個かもしれないですが、実際はこの大いなる様態の含まれた一過程だという捉え方でよいように思います。

保江　そのとおり。

はせくら　その様態が展開していく様(さま)、そのものが、この世界で体験する旅を、予定調和的に進めている、という理解で合っていますでしょうか。

保江 そうです。なぜならそれこそが、「予定調和」であるからです。

だってこの空間には、真空の泡と泡の間にある完全調和の網がびっしり張り巡らされているのですから、いろんなことを引っ張ってきてくれているのです。

もう乱雑にランダムに、バリエーション豊かに示してくれる……、偶発的に物事が起きているなんていうことはないのです。

全部、**完全調和の意のままに起きています。**

はせくら うーん、沁みます……。

クロノス時間とカイロス時間の違いとは?

はせくら 私の理解の中では、完全調和の場に浮かぶ泡があり、この泡がモナドなのかなと思いましたが、どうなのでしょうか?

保江　泡の周りの完全調和の網が、モナドだという理解のほうがいいかもしれません。

はせくら　そう捉えたらよいのですね。わかりました。では、モナド世界は、どのようなイメージで捉えたらよいですか？

保江　モナドの世界イメージが、その泡の集まりですね。宇宙です。

モナドというのは、完全調和のネットワークです。石鹸の側なのですね。ずっと続いているネットワークなのです。

保江邦夫のモナドがあり、そこに含まれる保江邦夫の魂、心、それが泡の部分です。その泡にエネルギーが入ると、保江邦夫の体ができてきます。

ここに、はせくらみゆきのモナドがあるとします。そこに含まれている泡、素領域にエネルギーが入ってくると、はせくらみゆきの体ができてきます。

けれども、モナドのほうが保江邦夫の実体であり、はせくらみゆきの実体となります。

それが、素領域理論とモナド理論を混ぜた理解です。
ですから、素領域、＝モナドではないのですね（保江博士のイメージ図参照）。

はせくら　そうなのですね。
たとえば今、先生は何をやってもうまくいく世界の中にいらっしゃいますよね。
ということは、時間量子でいえば、先生は常に、**カイロス時間**を生きていらしたのかな、と思いました。

保江　そうそう。

はせくら　でも通常は皆、**クロノス時間**で過ぎていくと思いますので、そのあたりの解説をお願いできますか。

保江　まずは、皆さんが感じる時間というのは、どこから来るのかということをお話ししましょう。

素領域とモナドのイメージ図

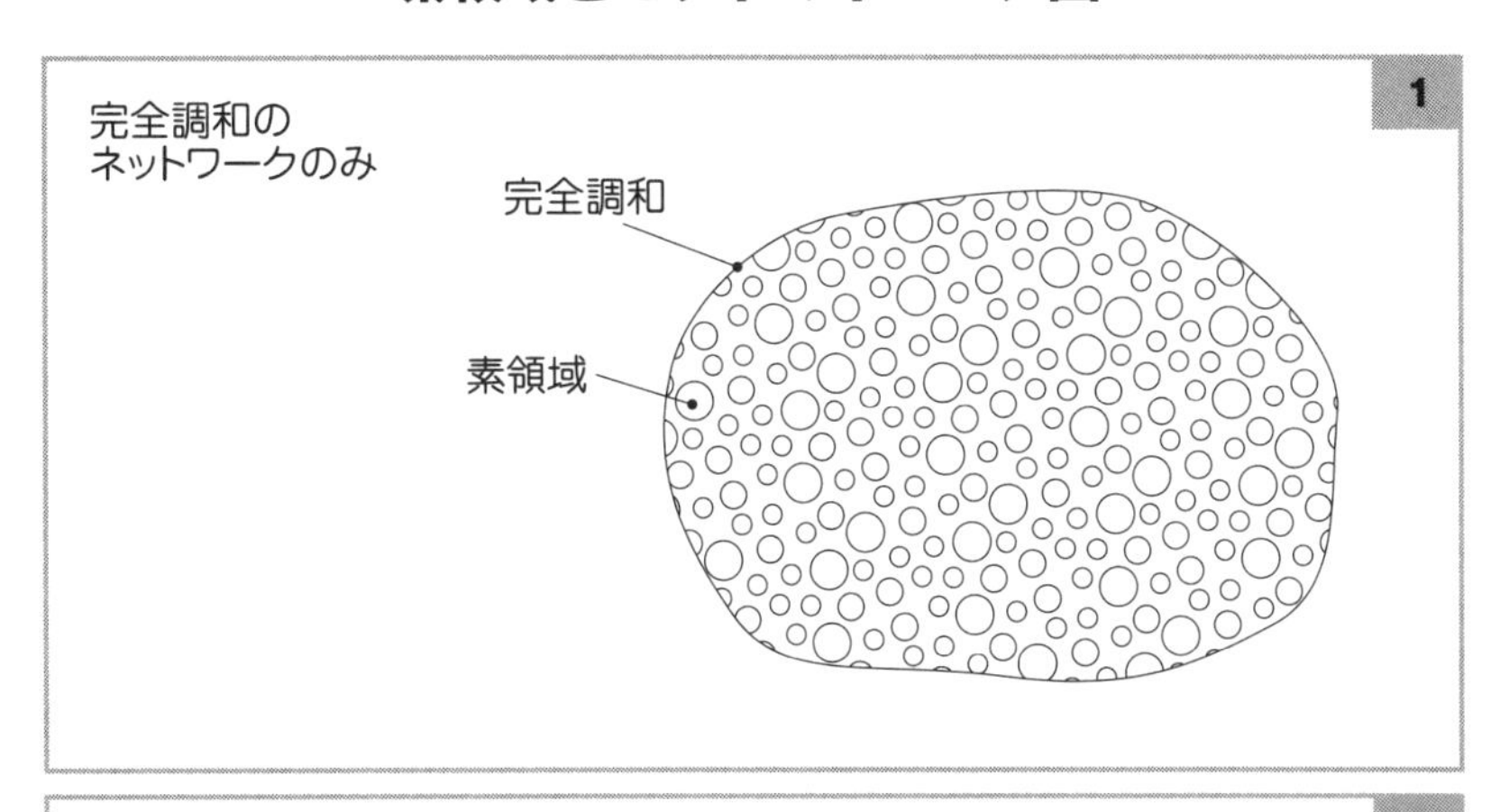

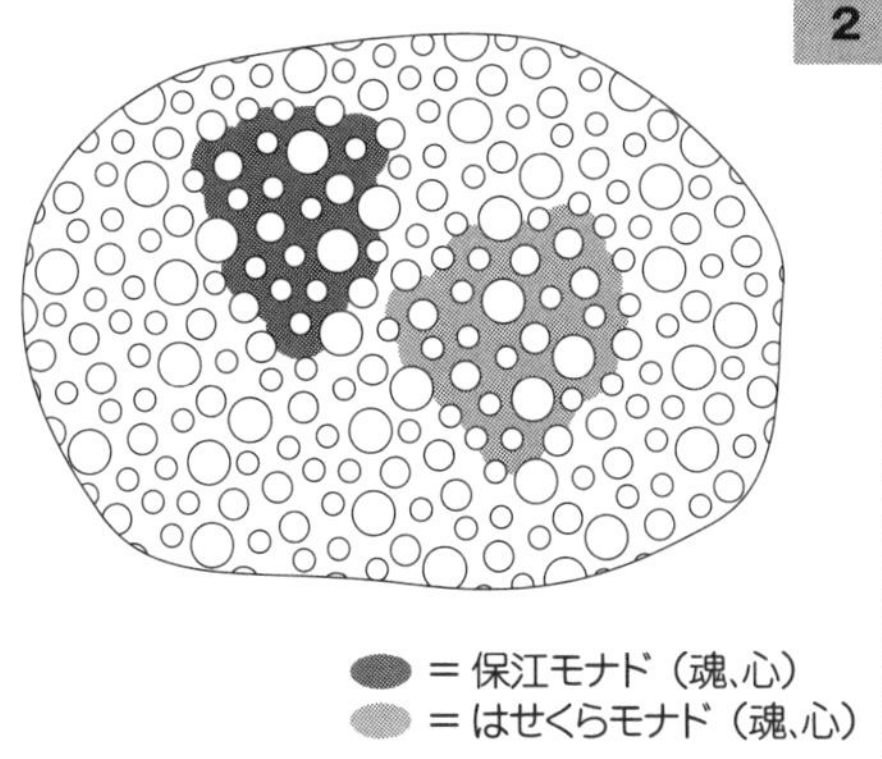

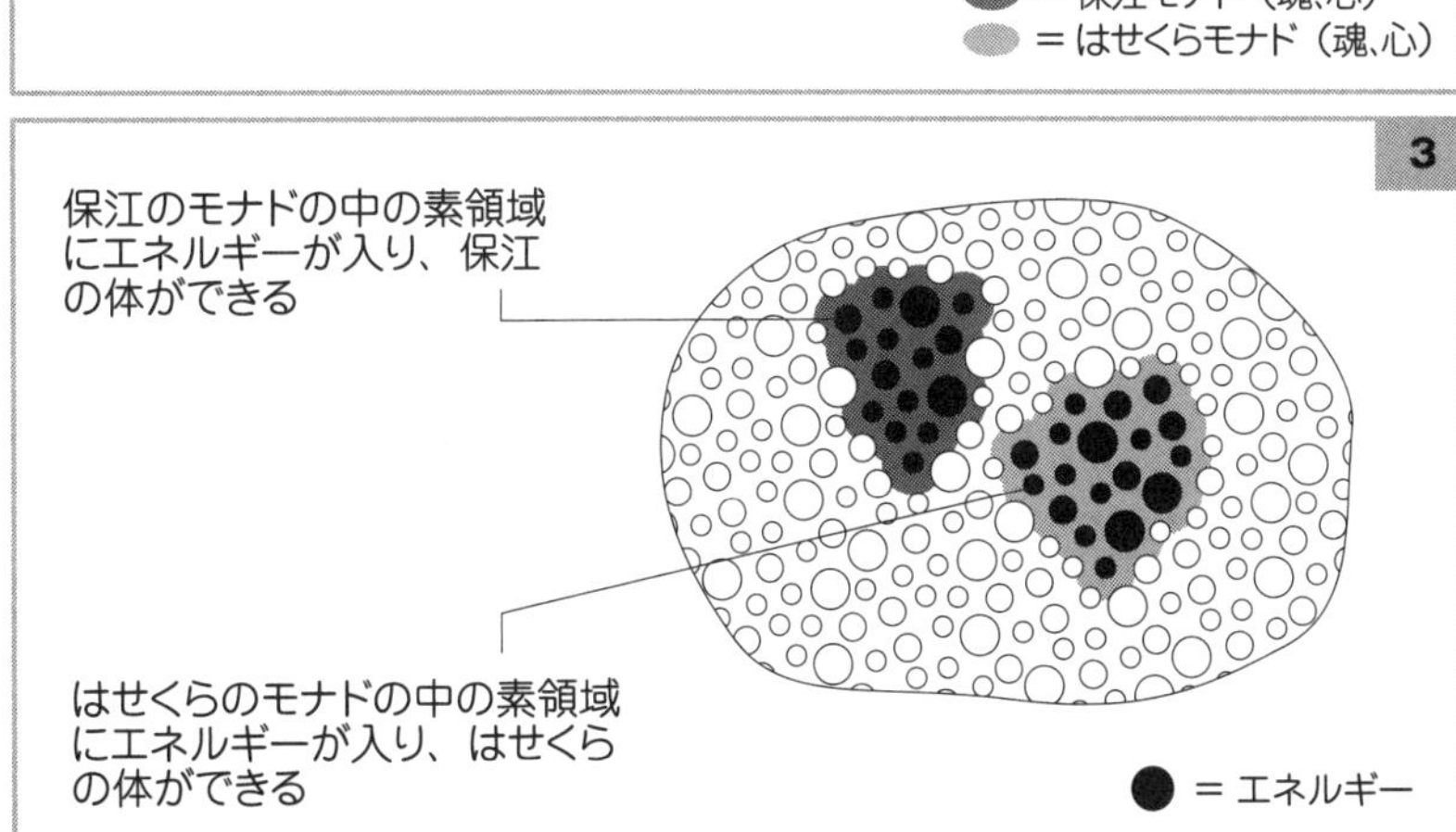

たとえば、僕、保江邦夫が何かを決断し、何かをすることにします。

それはすなわち、保江邦夫のモナド、つまり**ネットワークが何かを判断し、決断し、何かを変える……、それが世界認識を変えます。**

はせくら　はい。あれ……？　なんだか私のモナドも変わってくるような。

保江　変わりますね。そうすると、**他のすべてのモナドともネットでつながっているために、瞬時に情報が伝わっていく**のです。

そのとき、はせくらさん自身は特に世界認識を変えていなくても、ネットが揺らぐことで、はせくらモナドも揺らぐのです。

はせくら　影響を受けて揺らぎますね（みゆきノートまとめ8）。

保江　それが起きると、はせくらモナドは時間がたった、と認識するのです。

これが、カイロス時間ですね。

みゆきノートまとめ８

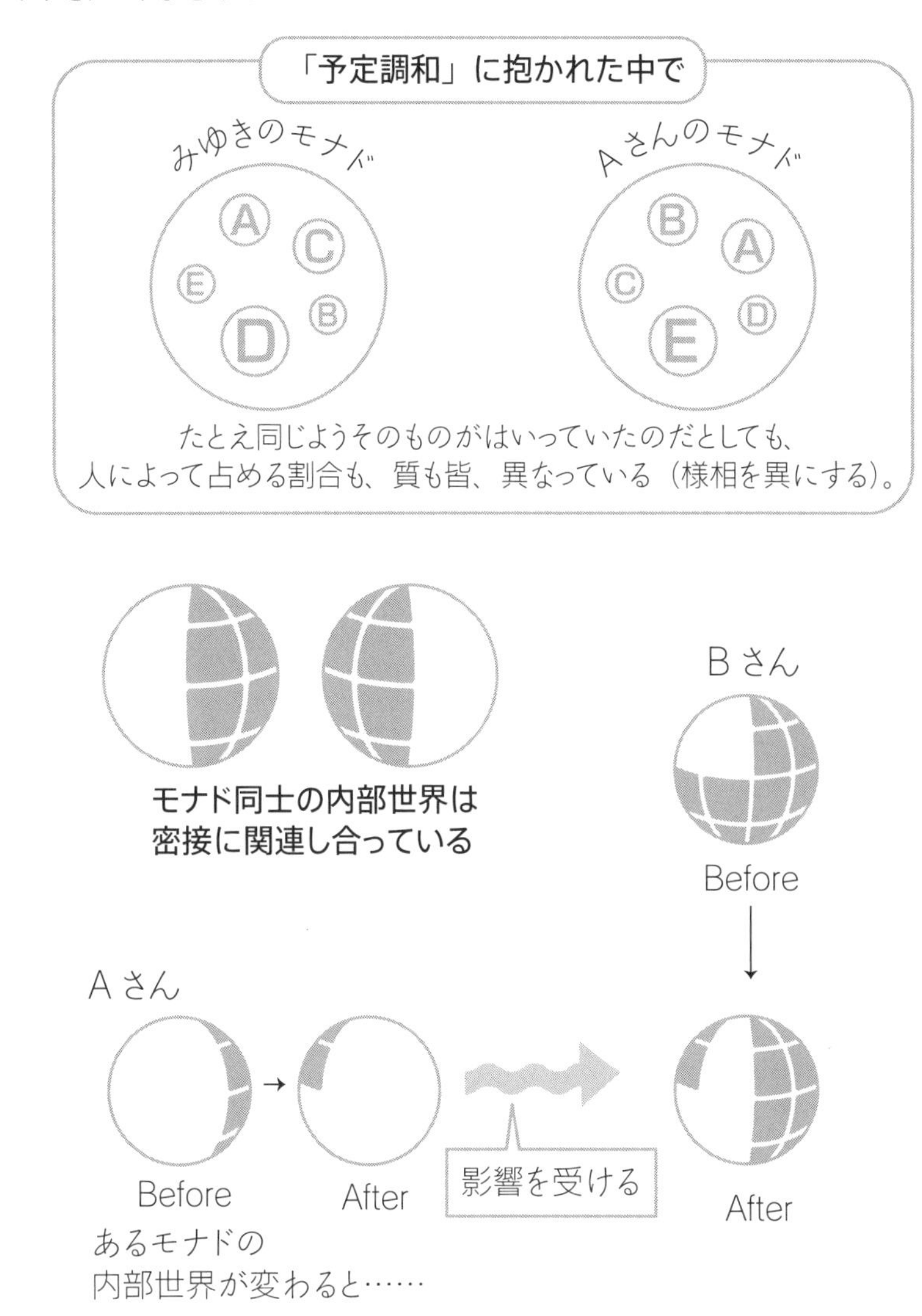

Aさんの世界認識が変われば、
Bさんの世界認識も同時に塗り変わる

はせくら　影響を受けたことで、時間経過を感じるのですね。

保江　クロノス時間は、主観的、主体的ではなく、客観的、もしくは受動的です。受動的に変化していく時間、いわゆる普通の時間です。

はせくらさんご自身の世界認識が、はせくらモナドにあります。その世界認識に基づく現象が、目の前に映し出されています。

この現象が起きたときに、他の現象も起きているといったケースでは、その現象同士を比較する場合がありますね。

同時に起きているその現象を、はせくらモナドが認識するためには物差しが必要です。

それがないと、それぞれの現象は認識できません。

はせくら　分けることもできませんしね。

保江　そうなのです。はせくらモナドが自分で現象の認識をする……、世界で起きている現象を物差しで測って識別するために自身で編み出したのが、クロノス時間です。

はせくら　それは、モナドのどこに入るのですか？

保江　モナドの中にはありません。完全調和のネットワークの中にはないのです。

世界イメージの中にのみ存在します。

はせくら　世界イメージの中のみにあるとは？

保江　はせくらさんの内部世界、世界イメージの中です。その世界をイメージして認識した、さまざまな現象や物事を比較するためだけに必要な、内部のみの物差しなのです。

はせくら　自己の内的世界に存在する物差しですか？

保江　そうです。

要するに、はせくらモナドの世界認識の中で、その認識を作るためには**時間の概念**がいるということなのです。それがないと、何もわからないということです。

はせくら　そもそも、わかることができないのですね。

保江　そうです。それから、**言葉**も必要です。言葉がないと響かせられないですから。

はせくら　言葉を発するためには、響き、音が必要ですね。

保江　響かすために、言葉がいるのです。言葉というのは、「あい」ならまず「あ」といってから「い」といわなければいけません。前後関係がいりますよね。

その前後関係を測る物差しが、クロノスです。自分の世界認識の中で作った、仮の物差しです。

はせくら　**認識のために、前後のある時間パラメータが必要**だということですね。なるほど。

復習しますと、カイロスの場合は、同時同刻に、波を通して瞬時に伝わるので、時間がないということなのですね。

保江　ないです。カイロスというのは、クロノス時間とはまったく無縁のものです。

はせくら　クロノスの場合は分けてわかるといった認識をしなくてはならないため、内部世界で時間の概念というパラメータを作り出した中で理解するもの。

そこに、時間という概念が生まれるということですか。

保江　そうです。認識するということ自体が、実は時間を生むということなのです。

はせくら　ということは、**認識は時の母なり**、ということなのですね。

保江　そういうことです。

はせくら　よくわかりました。

保江　ハイデガーも、『存在と時間』（高田珠樹訳、作品社）という本を書いているでしょう。存在の認識と時間の認識についての本です。

通常のクロノス時間は、モナドが認識していきます。その時間は、モナドが内部世界として認識する、内部世界を築き上げる、つまり**認識というものを実体化するための道具**なのです。

はせくら　ということは、クロノスというものも、質を変えることができるということでしょうか。それとも、クロノスは誰にとっても同じクロノスなのでしょうか。

保江　いやいや。はせくらモナドのクロノスは、たとえば保江モナドのクロノスに比べたら、ものすごく密で濃くてファイン（精妙）なのですね。

そのために、頭がいい。よすぎて、周囲に合わせるのがたいへんなこともあるでしょうが、そのクロノスの物差しを、あえて引き延ばしているという感じなのでしょう。

はせくら　その言葉をそっくり先生にお返しいたします。私は先生と違い、普通の人なので。

保江　野球選手で、打撃の神様と呼ばれていた川上哲治氏という人がいて、ボールが止まって見えたとおっしゃっていました。

ピッチャーが投げた球は、普通なら誰が見ても同じスピードで飛んでいるのですが、それが止まって見える人もいたのです。彼という野球選手の世界認識を作るのに使っていたクロノスが、ものすごくファインだったのですね。

はせくら　その違うパラメータの疎密が、超密になっていた……。

保江　だから、球が止まって見えたのです。

はせくら　これを、別な言葉ではゾーンと呼びますよね。

保江　そうそう。

みゆきノートまとめ 9

世界には二通りの時間がある その1

客観的な時間は　**クロノン**におまかせ♪
知らない間に勝手に流れていくと感じさせる
客観的な時間量子がクロノンさん

決定論的

時間パラメーターあり

●時間は舞台装置としての役割
●河のごとく
●時間は勝手に流れていく
●客観的な時間

客観的な時間
外的時間

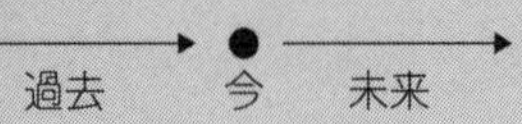
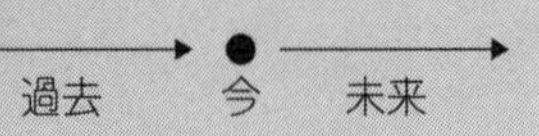

名の由来は　**クロノス**から。

クロノスは、時を神格化したもの。

カオスから生じた原初神であるという説も。

ギリシャ神話のウラノスの次に全宇宙を統べた。

クロノスと発音が同じ。

ギリシャ神話のクロノス神は、
ウラノスの次に宇宙を統べた二番目の神で、全知全能の神・ゼウスの父親でもある。

※一番目の神ウラノスは天の神格化とされ、別名がカイルス。
カイルスはガイア（大地）の息子であり、同時に夫でもある。

クロノン（時間量子）は、
素領域から素領域へとうつる、
スカラー量子のことを指すよ。

みゆきノートまとめ 10

世界には二通りの時間がある その 2

主観的な時間は　**カイロン**におまかせ♪
予定調和の働きによって、すべてのモナドに時間の概念を与える、
主観的な時間量子の名が、カイロンさん。

前髪ひっぱれー

後ろはハゲ！

名の由来は　**カイルス**から。
カイルスは、ローマ神話における天空神。
ギリシャ神話では、ウラノスと呼ぶ。
全宇宙を最初に統べた原初の神々の王。
天の神格化。

カイルスはガイア（大地）の息子であり、
同時に夫でもある。
ガイアとカイルス（ウラノス）から、
生まれた子の一人が、クロノスである。

モナド（心）の中の
世界認識が変わると

今 今 今 今 今 今 今 今 今 今

各モナドは互いに同期した
時計をもつ

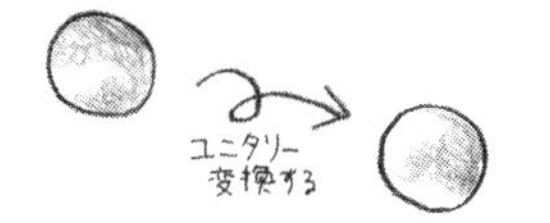

瞬時に他のモナドの世界認識が
変わる、この働きのことを
カイロスという

カイロンは内部世界である私たちの心に働きかけるカイロス由来の一瞬一瞬である時間量子（チャンス）を与えてくれる

カイロンさんは、一斉に同期する
働き側で、ホロス的役割。
クロノンさんは、素領域を飛び回
る側で、アトム的役割。

断食がクロノス時間を密にする

はせくら 普通の人たちが暮らしの中で、このクロノス時間を効率的、効果的に利用する方法、もしくはコツなどはありますか？

保江 その質問については、僕は一度も考えたことがなかったのですが、今、思い出したことがあります。

僕の合気道の先生で、山口清吾先生という方がおっしゃっていた話です。

昔、ある剣豪は、料理中に弟子が後ろからそっと、「隙あり！」と木刀で振りかかってくるのを、必ず鍋蓋などで受けて防いでいたといいます。

何回挑んでも、必ず防いでしまうのだそうです。

あるとき、やはりそっと近づいて、木刀を降りかぶったそのタイミングで、まかないのおばさんが、

「先生、晩ご飯できたよ」と叫びました。次の瞬間、初めて先生に打ち込めたのです。

その先生は、おばさんの声かけに気が向いてしまったのですね。

はせくら　意識がいってしまった。

保江　僕は、それは単に気が散ったからだろうと思っていました。

ところが、山口先生が教えてくださるには、そういうことではないと。

「この剣術使いはまだ未熟だったのだ。本当の剣術使いなら、たとえまかないのおばさんが大声で叫んだところで、ちゃんと防げたはずだ」といわれました。

つまり、剣術使いがもっと達人であれば、時間間隔をもっと細かく認識することができたはずで、おばさんが何をいおうがそれを認識した上で、後ろから弟子が刀を振りかぶるのもまた、認識できたはずだというのです。

はせくら　宮本武蔵の「観の目」（＊全体状況を俯瞰する奥深き視座）のような世界ですね。

保江　ですから、剣豪や、野球の選手で達人といわれるようなすごい選手になればなるほど、ゾーンに入れるようになっていくのです。

その人のモナドが本質だとしたら、その中で認識を形作っている尺度が細かいのです。

はせくら　非常に高密度なわけですね。なるほど。

保江　修行すればそうなれるのでしょうが、では、どういう修行をすればよいのか。

僕は山口先生に、

「まぁ、達人だったらそれもできるでしょう。でも、僕らはなかなかそこまでにはなれませんから、どんな努力をしたらよいのでしょうか？」と聞いたら、

「いや、達人にならなくても誰でも感覚を鋭くできるよ」とおっしゃるのです。

「どうすればいいのですか？」と聞くと、

「食べなければいいんだ」と。

はせくら　そうか！

保江　空きっ腹がいい。座禅を組む人がする断食がありますよね。あれです。どうも断食には、ものすごくクロノス時間を密にするという効果があるみたいなのです。ですから、昔の剣豪は果たし合いの前は、まったく食べなかったのです。
普通の足軽などは、戦の前には餅などを大量に食べてお腹に蓄えることで力をつけていたのですが、剣豪と呼ばれる人は、これから戦というときには食べませんでした。

はせくら　なるほど。パフォーマンスをあげないといけないですものね。
私も過去に、最長で1ヶ月くらいの断食をしたことがあるのですが、そのときはとても体調が良く、かつあまり寝なくても平気なショートスリーパーになりました。ただ難点は、とっても暇になった、ということです。

保江　そう。時間を持て余しますね。

はせくら　食べ物がいらないと、お買物も行かなくてすむでしょう？　することももちろんあるのですが、それにしても1日20時間とか使えたら、なんでもできすぎて暇なのです。それで、なんだか面白くないなと思い、止めました。

保江　僕もそうです。僕は7日しかやっていませんが、7日やった頃には、「これは、いくらでも続けられるな」と思って止めました。

はせくら　3日できたら7日は続けられますし、7日できたら3週間もOKですものね。

保江　それに、宴会などに誘われた場合、「僕は食べないから」というと、場が白けてしまいますからね。それもなんだか悪い気がしてしまいまして。

食事の時間もいらないし、睡眠時間も減るから、他のことに使うといっても飽きるのですよね。

はせくら　そうですすよね。

せっかく地球に生まれることができたのですから、食べることも遊ぶことも、いろいろと楽しんでみたいですよね。ただ、**食べないという選択をするほうが、クロノス時間を有効に活**

用できるんだろうなと思います。

保江　これは昔から知られていたことで、日本の武芸者のみならず、おそらく中世の騎士なども皆、わかっていたのではないかと思います。

はせくら　ということは、たとえば、昔は常に食べ物が潤沢にあるわけではなかったので、ある意味、高い意識を保ちやすくなる環境で暮らせたということでしょうか。

保江　そうですね。存分に食べ物にありつけることのほうが少なかったのですから。

はせくら　そうなると、さまざまな古（いにしえ）のストーリーが浮かんできますね。

紀元前のギリシャで、ソクラテスやアリストテレスといった哲学者たちも、そういう冴えた、緻密なクロノス時間を生きていたのかなぁ。

保江　そうでしょう。

今でも、アメリカ陸軍の兵士は、通常の演習などではちゃんと食事が出て食べるのですが、紛争地域に行くなどで撃たれる可能性がある場合はまったく食べないのだそうです。

それには二つの理由があり、一つは胃の中に食べ物が残っているときに胃を撃ち抜かれると、食べかすが腹腔の中に漏れて、炎症を起こしてしまうからです。

これは、とても苦しいのだそうです。

一方、胃が空で、胃液だけがある状態だったら、撃ち抜かれて胃液が漏れたとしても、さほど苦しくはないのだそうです。そして、回復が早いと聞きました。


ですから、実際に紛争地域に派遣される隊は、ある時間までに完全に消化が終わり、胃を空にできるというタイミングまでしか食事を与えられないのです。そこまで密に、考えられているのですね。

途中の栄養補給は、ポカリスエットのような液体に栄養が入っているものを、ほんのひと吸い入れるだけで、胃は空の状態を維持していくのです。


もう一つの理由は、敵の物音が判別しやすくなるのです。

つまり、兵隊の世界認識のクロノス時間が、密になるということですね。

はせくら　密な感じ、わかります。たしかに私も、熱中するとそうなることがあります。朝起きて、たとえば絵を描き始めたとします。そして、描きづらいなと思ったときには、もう夕方6時になっているのです。その間の意識はないので、本当にわからないのです。私の感覚では2時間ぐらいしかたっていないのですが、「なんだか色が暗く見えるなぁ」と思ったら実際にあたりが暗くなっていて、それだけの時がたっていたということがよくあるのです。

おそらく、細かい密度の時間なのだと思います。お腹も空きませんし。

けれども、イエス・キリストは、カイロス的な時を生きよというふうなことをおっしゃっていませんでしたか?

保江　おそらくそのカイロス時間というのは、「**汝、明日のことを憂うなかれ**」という言葉ですよね。

はせくら　そう、それです！　やはりキリスト様も、カイロス時間を生きておられたんですね。

パート3

シュレーディンガー方程式は、愛の中に生まれた

（対談2日目）

はせくら　昨夜、『エイリアンインタビュー』を拝読いたしました。

宇宙人の名前はこの中ではエアルとされていましたが、発音が違うように感じました。どちらかといえば、エハァに近いイメージです。

実際はエの後のアを、のどの奥のほうから発語しないままハーと息を出し、その残る音韻がアと聴こえ、そのまま舌を奥に巻いてRとなり、Lで収まるように感じました。英語表記ではAirlとなっていますね。

翻訳本なので、少し手こずりました。

保江　そうですね。

はせくら　ですので、文字を追うと同時に、心の眼を通して、本のエネルギーをスキャンする気持ちで読み進めていったのです。すると、今のような発音で、宇宙存在のエネルギーを強く感じました。

面白かったのは、スキャンを始めると耳の奥に独特の振動音がして、ジーとかカチャカチャ、高周波のキーンといった機械音のようなものが鳴るのです。そして、いつのまにか強烈な眠気に襲われて、しばし机の上に伏してしまっては、またパチッと目が覚める。それを何度か繰り返しているうちに、本の内容が転送されて、エネルギーと共にダウンロードが完了する、といった不思議な読み方となりました。

保江　びっくり……。

そのお話で、思い出したことがあります。

伯家神道の祝之神事(はふり)では、半年に2回ぐらい神様が降りてこられますが、そのときにおしるしが出るのです。

御神事のとき、その御神事を受けられる方の周りに張られた結界の中に、神様が降りて来られたときにはおしるしが出ると、先代の巫女様からうかがっていました。

そのおしるしとは、物理的にはありえないような現象です。御神事を受けている方は目をつぶっていて、何も見えない状態のままなので気づかないのですが、神様が降りてこられたおしるしの現象が表出するのです。

僕らは祝詞(のりと)を唱えながらその現象を見守るだけなのですが怪我をされると困るので、僕たち神官が身体を近づけておきます。

少し離れてそっとやればいいのに、あるとき、僕が近づきすぎてしまったのです。

そのとたんにこっちにまで神様が入ってきて、祝詞を奏上している声がかーっと化けてしまいました。ずっと、「はははは」とか「ううう」などとしか発声できなくなって、それが最後まで続くんです。他の神官は、離れているからそんなことにはなりません。

祝詞がすべて終わったときに、僕の体も自然と離れられました。

周りの神官には、

「なんだったの今の」といわれ、僕は、

「先代の巫女様に聞いてはいたのですが、他の人でも近づきすぎると、神様の影響が及ぶようで……」と答えました。

はっきりと記憶がないのですが、祝詞を上げているつもりが唸(うな)っていたようで、周りも気が狂ったんじゃないかと心配していました。
僕より古い神官でも、そんなことが起きたことはなかったそうです。ところが、僕には既に3回、それが起きているのです。

先代の巫女様がおっしゃっていましたが、神武天皇の祝詞は唸りだったそうです。言葉というものはなくて、唸っておられただけだったと。
古事記にも書いてありますが、神武天皇が東征して祝詞を上げているときだけ、兵士が頑張れたといいます。その祝詞は、唸りだったということです。
それを、はせくらさんのエハァで思い出したのです。

はせくら　その唸りも、宇宙語だったのかもしれませんね。
そして、アシュター司令官の魂をくむ保江先生、やはり、宇宙由来の魂を救い出してほしいと願われているように感じます。

保江　やはりそうですか。それで、このところ僕にもそうした流れがきている……。

はせくら　おそらく、長きに渡ってかけられてしまった洗脳プログラム、忘却プログラムを解除して、自分が何者かを思い出してもらう、というのが、先生が魂の青写真として持ってきたミッションの一つではないかと感じます。

実は、私自身も、今から約30年ほど前に、忘却プログラムが解除される、といった経験をしたことがあるんですよ。

保江　そうなのですか？　誰かが解除したのですか？

はせくら　直接的には宇宙存在であったと思いますが、彼らは自らのことを「being」あるいは「with being」、「is be」といった表現で、自らの名を使い分けながら、呼んでいました。

エイリアン・インタビューや、過日出版した『波動の時代を生きる　ワンネスと宇宙意識』（徳間書店）の共著者、フランス人のジュリアンが語っていた話と被ってくるんですよ。

そして、彼らは直接、私の内奥に波動言語（テレパシー）を送ってきて、「約束の時が参りましたので、あなたに課せられた忘却プログラムの記憶を、解除させていただきますが、よろしいですか？」というのです。

私はとっさに、「はぁ？　そんな約束していませんけれど」という想いを伝えると、「いえいえ、あなた自身がお願いしたことですから」といって、クスクス笑っている波動が流れてくるのです。

内観すると、本当にそうだったような気がするので、「では、お願いします」と伝えると、頭上の60センチ先ぐらいのところが、何かパチッと割れたような気がして、とたん見える世界が変わったような、不思議な感覚になったことを覚えています。

そこから、波動言語で伝えられる「宇宙授業」があって、科学や意識、時空についての学びのレッスンを経て、現在にいたっています。

保江　面白い。彼らは何かいっていましたか？

はせくら　はい。これから**地球は大きく変わる**のだと。それは、次元の上昇というよりも、まず起こるのは次元の分裂であり、それぞれの意図と関心、フォーカス、そして固有振動によって、個々のタイムラインへと進むのだと。

その中の一つに地球という惑星意識が意図している時空があり、そこは今よりもっと振動数が高く、薄い密度の世界であること。

そして、その時空間へといたる鍵が、**愛と信頼の周波数**であるということでした。

保江　興味深いですね。

はせくら　being たちがいうには、**宇宙は「愛」によってできている**こと。

自らのソースとつながることで自らを信頼し、その純度が増すにつれて、さらなる宇宙への扉が開かれるのだそうです。

宇宙は、外にあるように見えて、その実、私たちの内側に内在しているものであると明言されていました。

保江　まさしく、モナドじゃないですか。

はせくら　あっ、本当ですね。今まで気づかなかった！

保江　興味深いのは、彼らが自らを呼ぶ言葉ですね。

「with being」や、「is be」っていうところ。それは、「地球に存在するいのちとして、今いる」ということですよね。

「存在する命」は、英語なら「is be」です。「命」を「be」と拡張した解釈ですけれども。

つまりは、

「あなたは『is be』なんですよ」といわれているのですね。

そして、「私たちは『with being』」、つまり、「常にサポートしている、いつもいっしょにいる存在です」といっているのです。

英語では、メイビー（maybe）など、be の前に言葉をつける表現が多いでしょう。それも、こうしたことがわかっていたからでしょうね。

モナド理論の提唱者である中込君自身も、モナドである我々人間が内部世界を認識したときに、自分以外のモナドがどう見えるかということや、こう見えるはずだということをわかっていたのでしょう。あえていえば、それがプサイですね。

プサイも、完全調和の側ですから見えない世界なのですが、モナドをあえて内部世界で捉えようとしたらそうなるはず、ということだったのです。

中込君は数学的な頭もいいのですが、加えて直観もある男なのです。

はせくら　そうでなければ、ここまで本質的な論を展開できないと思います。やはり、宇宙由来の魂の方でいらっしゃるのでしょう。おそらくご本人は違うとおっしゃるでしょうが。

高知大学の秘宝、中込照明博士

保江　そんな中込君は、今どうしているのかというと、高知大学の教授を僕と同じ歳に定年で辞めて、もらった退職金で、高知の室戸岬近くの崖上の土地を購入して、家を建てました。探していた条件が、「270度、太平洋を望めること」だったのですね。

それで崖の上になったのです。

はせくら　全部で360度のうちの270度。全方向のうち、4分の3が海ということですね。見事な景観でしょうね。

保江　ただ、いろんな事情があって、結局、見えるのは170度ぐらいだそうです。家の中から海を眺めるにも、柱や建具で邪魔されたくないといって……。なので、建築士が困ってしまったそうですよ。柱もサッシも、視界に入れたくないというのですから。どうすればいいんだと。

結局、真ん中に超太い柱をドンと立て、そこから放射状に、傘のような屋根をつくりました。

はせくら　UFOみたいですね。

保江　山側に壁と柱を立てて、海側には建具などがいっさいないようにしたのです。

窓にしても、普通のサッシにしたら枠が邪魔するので、昔の雨戸のような造りにして、全部を1箇所に収納できるようにしたのです。

そうすると、なんにも視界を遮られることなく、１７０度の海が見えるのです。そこで日々、海を眺めながらワインを飲み、食べるのはお肉だけという生活をしていますよ。

はせくら　さすが、先生のお友だちでございます（笑）。

保江　ワイングラスを片手に、海を眺めつつ思索に耽っています。

はせくら　天才の日常は、凡人の非日常……みたいに!?

保江　訪ねていくのは僕ぐらいですよ。

はせくら　あらまぁ。

保江　彼は、ポーランドのコペルニクス大学や、イタリアのサレルノ大学にいました。

僕もスイスにいた頃には、ウィーンの国際会議などで会ったりしていたのです。あるとき、「すごくいい論文を出したし、そろそろお前も日本に帰れよ」といったら、「どこかの教授にゴマをすらなくちゃいけないだろ。俺はそんなことをするのは嫌だから」というのです。それで、

「じゃあ、俺がすってやるよ」といいました。

自分のためにはしませんが、こいつのためならと思って、当時の高知大学の教授に、「いいやつがいるんですよー」とゴマをすって、助教授として採用してもらったのです。

はせくら　もはや、高知大学の秘宝ですね。

保江　そのときに高知大学にきていなかったら、ひょっとして彼は日本には戻ってこられなかったかもしれません。向こうで、既に仙人みたいな生活を始めていたのです。まるで、放浪の天才数学者のポール・エルデーシュのようです。

エルデーシュは、本来ならフィールズ賞をもらえるような偉人で、世界中を飛び回って、とてもたくさんの難問を解いた人です。多くの数学者と共著で、生涯に１５００もの論文を

書き上げたことでも知られています。

はせくら　その放浪の博士もやはり「変人」ですか？

保江　変人ですね。定住場所もなく、服装もTシャツとジーンズしか持たずに放浪していました。中込君もきっと、そんなふうになっていたはずなのです。

高知に来てもらったら少し余裕ができたようなので、『唯心論物理学の誕生』の本も書いてもらったのです。

はせくら　究極の理論だと思いますが。

保江　本当にそうですよ。ところが、日本の物理学会は誰も見向きもしないのですね。

はせくら　なぜでしょう？

保江　そもそも、理解ができない。

はせくら　でも、きちんと証明しているじゃないですか。

保江　原文だった英語の論文を読もうともしません。読んだところで、難しくて読み進められないのでしょうね。

はせくら　そうなのですね。なんだかもったいないなぁ。

唯心論物理学の中込先生の御本は、皆にわかるよう、頑張って優しく伝えようとした形跡が随所に残っていて、感動的だったのですが。

それから、『エイリアン・インタビュー』のほうは、とても誠実に伝えようとしていると感じました。

保江　安心しました。

はせくら　１００％その情報は正しいのか？　と問われると、そうではないものも含まれているとは思いますが、そもそも、宇宙存在とのコンタクトを担った女性が、彼女が話す言語と概念というフィルターを通して受信したものを表現しているので、厳密にはAirlが語るそのままの情報を受け取りきれていない可能性は多々あると思います。
けれども、この女性は、自分の持てる力を精一杯使い、かつ愛を持ってAirlと接し、コミュニケーションを図ったのだろうと推察できます。

保江　それはよくわかります。その女性のそういう気持ちが、ちゃんと入っていますよね。

私たち人間は、原初より「神の像」を内在している

はせくら　本（『エイリアン・インタビュー』）の余白部分に、ちょっとした落書きを書いてしまったので、ご覧いただけますか？

保江　そうか、ウルトラマンってこういうのを認識してデザインをしていたのですね。

はせくら　本の中にある、自分の入れ物――「ドールボディ」のイメージです。

保江　単なる道具としてのボディなのですね。

はせくら　そうです。私たち人間も、このような捉え方を、ある程度採用してもよいのではないかなと思うのです。すなわち、**肉体であるボディは、地球滞在用に適したスーツ、着ぐるみ**だよという考え方です。

そう考えると、宇宙に住まう存在たちも、私たち地球に住むものも、姿かたちは違えど、**beingという本質的な部分において、同じものを抱いている**ということになります。

保江　そうですね。

はせくら　それともう一つ。この書籍――『エイリアン・インタビュー』を読んで感じたことなのですが、その中で先に地球へと送られてきた宇宙存在たちの数は、たしか３０００人でしたよね。

保江　そう。３０００人。

はせくら　その数の人たちが、強い忘却プログラムを課せられた中で地球転生を繰り返していると、いわゆる血の記憶……ＤＮＡに刻印された原初の記憶は、世界中に拡散していったのではないかと感じてしまうのです。

高次元から見ると、それもあらかじめセットされていた、神なる計画ではなかったかと思うのです。

保江　まさに、チョウの物語でおっしゃっていた、イマジナル・セルとしての働きですか？

はせくら　わぉ、そことつながる⁉

保江　サナギの中で変態していくときに、イマジナル・セルの役割というものがある……。いい換えれば、この地球環境の中で世界が変態していくときに、イマジナル・セルの役割をする「is be」たちが存在してきたのだということですね。

その人たちはずっと周囲から……いじめられ、しいたげられて……。

はせくら　うーん、その波動が伝わってきて、ちょっと泣きそうな気持ち。次々と攻撃をしかけてくるイモムシの免疫細胞によって、へろへろになっていくイマジナル・セル。

保江　それでもめげずに次々と生まれ、どんどん増えていくのですね。

まさに、今回の対談本は、「is be」の話にしろイマジナル・セルの話にしろ、すべてがこれから起きることの予言的な話に感じますよ。

はせくら　イマジナル・セルは、しばらくの間、異物としてひたすら攻撃を受けます。

これを、社会に置き換えていうならば、戦争の脅威や環境リスク、ボディにおいては添加物や農薬といったものも含まれると思います。

けれども、そんな不条理の中で、イマジナル・セルたちは、たんたんと自分たちの仕事に従事し、夢見る力をもって新しい世界の雛形を創っていくのです。

チョウとなるイマジナル・セルの様子を見てみると、あたかも、

「私たちにとって、戦うものなど何もない。起こっている出来事は皆、より素晴らしい何かとなっていくための布石でしかない」といっているがのごとく。

イマゴ・ディという神の像（かたち）を語源とするイマジナルのセルたちが指し示しているものは、私たち人間という存在も、原初より「神の像」を内在する、宇宙の大切な細胞（セル）だったんだよ、ということなのだと思います。

この体感覚に沿って生きることが、現代の私たちに与えられた共通課題ではないかと感じています。

保江　キリストがまさに、イマジナル・セルですよね。

はせくら　まさしく！

保江　キリストは、叩かれて磔(はりつけ)になりました。その後、ローマ帝国ではその弟子たちも受難し、ライオンに食われたりなど本当にひどい目に遭いましたが、あるときに逆転して、キリストの教えがローマ帝国の国教にまでなるのですよね。

人間の社会や歴史を見ていると、この繰り返しなのですよ。

はせくら　そうですね。

保江　なぜならそれが、「神の像」だからなのですね。

はせくら　イマジナル・セルたちが、同じ言語、同じ周波数、同じ意図を持った存在と相互接続して、時代を超え、国境を越え、神の像を表さんと努力してきたこと。

あらゆる困難ももののともせず、すべては良くなるための布石としてきたこと。

そして、いよいよ完成形が見えてこようとする今、その前にあるかもしれない艱難(かんなん)のときは、もはや脱皮を終えて、サナギになり、いよいよ空高く飛ぶチョウになるための最終訓練なのかもしれません。

ここで、昨日の神話のおさらいをしたいのですが、絶世の美人であった人間プシュケと、愛の神アモルが結ばれてできた子どもの名前を覚えておられますか？

保江 いえ、なんでしたっけ？

はせくら 子どもの名はプレジャー。歓び、楽しみだったんです。

保江 歓び、楽しみですか……。

はせくら ということは、私たちは、歓ぶために、楽しむために今、この世界に存在しているということではないでしょうか。

保江 すごいなぁ。今の話も。

シュレーディンガー方程式は、愛の中に生まれた

保江　ところで、宇宙人が翻訳担当の女性下士官に、自分のことを「is be」といったのは、当てはまる言葉がなかったからなんですよ。

その真意は、日本語でいうと「言挙げせず」にあたるのでしょう。

言挙げしないものという概念を表す言葉は、宇宙人が学んだ英語の中では、「is be」とし
かいいようがなかったのですね。

はせくら　言挙げせずともあるものですか。なんだか旧約聖書の中にある「I am that I am」の空気感と似ていますね。

保江　「ありてあるもの」のことですね。それは、「初めに光あれ」と神がいわれる前にあるものです。**「is be」は、神が言挙げをする前にあるもの**ですね。

はせくら　ここが大切なんですね。その前よりあるもの……では、その部分とモナドとの関

係性は、どう捉えたらよいですか？

保江　前にあるものが完全調和で、モナドはその一部なのです。

ライプニッツのモナドの定義にもあるのですが、本来のモナドとは、単一なるもので部分もないし、まとまりもないものです。けれども、単一なるものでは何もないからつまらない。

本当に退屈すぎて、せめて一人二役を演じようとするのです。

昨日、保江モナド、はせくらモナドと表現したのは便宜的にすぎず、本当は保江モナドもはせくらモナドも単一のモナドであり、**別物のように演じているだけ**なのです。

はせくら　すべてが、あまりに調和しているのですね。

保江　そうなのです。それがモナドですよ。

はせくら　となると、モナドと「is be」との関連性って……。

保江　同じものですね。

はせくら　そうなりますね。

保江　さきほど、あえて一部といいましたが、本当のことをいうと、**部分という概念も、もともとないのです。**

はせくら　わかりやすく理解するための表現だったのですね。ということは、モナドの真の姿は単一で、部分がなく一つであるということなのですね。

保江　「is be」、「言挙げしない」、「その前にあったもの」、「モナド」、「完全調和」、どれも同じなのです。

はせくら　感動です。モナド理論に出てくる波動関数のプサイも。

保江　波動関数で有名なエルヴィン・シュレーディンガーは、もともとオーストリアのグラーツという田舎で育ちました。グラーツといえば、オーストリアでも田舎のほうです。

当時の物理学は、今では古典物理学といわれていますが、音の波、水の波、空気の波、そんなものを理論的に研究していたのです。

シュレーディンガーは、ニールス・ボーアとかヴェルナー・ハイゼンベルグ、マックス・プランクといった著名な物理学者が集まって、ベルリンやコペンハーゲンで新しい物理学を開拓していこうとする、エネルギーのあふれるところからはずっと離れて、一人で細々と研究していたわけです。

そのうちにシュレーディンガーは、スイスの田舎のチューリッヒ大学という州立大学で働き出します。

チューリッヒではチューリッヒ工科大学が最も優秀な大学で、アインシュタインも学生として通った理科系の国立大学なのです。その近所にあるチューリッヒ大学は、工科大学と比べると劣る大学とされていました。

彼は、チューリッヒ大学で古典物理学を学生たちに教えながら、インド哲学やウパニシャッド哲学を研究していたのです。

はせくら　宇宙の真理ウパニシャッド！　聖典ヴェーダの奥義書じゃないですか！

保江　そうした哲学にも非常に興味を持っていて、そうした研究で人生を全うしたいと思っていたようです。

ところが、彼が38歳ぐらいのとき、クリスマス休暇で、奥さんではない女性を連れて旅行に出かけました。

はせくら　インドですか？

保江　いえ、そんなに有名な観光地でもない、スイスのサンモリッツ近くの山間の小さな村でした。そこの山小屋を借りて、1週間を過ごしていたのです。

はせくら　あらまぁ、世を忍ぶ恋ですか。

保江　そうです。それで暖炉が燃える中、彼女と事にいたっていた最中にひらめくのです。今でいう、シュレーディンガー方程式を。

はせくら　愛の最中に歓びが生まれてきたのですね。

保江　彼は、音や波動を数学的にきちんと方程式で表すことの専門家でしたから、方程式がまず頭に浮かんだことで、ハッとなりました。これはと思って計算したのです。

その頃、ボーアの原子模型というものがありました。

アーネスト・ラザフォードの原子模型の矛盾を解消するために考案された模型だったのですが、それが、水素原子に関する実験結果を見事に説明して、量子力学の先駆けである前期量子論となっていたのです。

それに、シュレーディンガーが思いついた方程式から導かれた波動関数を導入させ、ボルンによる確率解釈があって、このボーアの原子模型の「電子が軌道運動をする」という解釈が誤りであることがわかったのですね。

この方程式は、量子力学を発展させた、素晴らしいものでした。

シュレーディンガーは次の日、旅行を途中でやめることにして、愛人を連れてチューリッヒに戻り、大学の研究室に籠もったのです。

それから1週間して、シュレーディンガーは手紙を書きました。それは、当時のヨーロッパ物理学界の中心であるベルリン大学が発行していた、今もある「ツァイトシュリフトフュアフィジーク」という物理学専門の学術雑誌の編集長、マックス・プランク宛でした。

「私は、ボーア博士の原子模型で出したエネルギー準位であるバルマー系列を、ある波動方程式によって導くことができました。その波動方程式が原子の世界を解明するキーになると思うので、現在、それを論文にすべく奮闘しています。まずは、その結果だけでも先にお知らせします」と。

論文が完成する前に手紙を書いた理由は、ボーアのところにハイゼンベルグなど若い優秀な物理学者たちが集まり、みな切磋琢磨しているため、いつ出し抜かれるかわからないと考えたからです。

波動方程式を先に出してしまうと流出する可能性もあるので、式は書かないで、まずは日付を入れた手紙を出したのです。

はせくら　先に思いついた証拠となるように、日付が重要だったのですね。

保江　郵便局の日付もつくでしょう。だから、公式な証拠になりますよね。

その手紙の後は、とにかく論文にしなくてはいけません。

でも、この方程式をどうやって思いついたのかについては、彼女と過ごしていてひらめいたとは書けないでしょう。なんらか、真実でない状況にしていたのでしょうね。

僕はこの話を、スイスで聞いたのです。

実は、僕を拾ってくれたスイスのジュネーブ大学のエンツ教授は、以前はスイスナンバーワンの理科系大学のチューリッヒ工科大学の出身で、ノーベル賞もとったヴォルフガング・パウリの助手だったのですね。

はせくら　排他律で知られるパウリ博士ですね。

保江　そのパウリが亡くなったときに、助手だったのがエンツ教授で、パウリ逝去後の研究室は、エンツ教授が片付けたのです。引き出しにあった書きかけの論文や原稿なども、すべて整理したそうです。

エンツ教授はそんなに優秀という評価でもなかったのに、その後すぐにジュネーブ大学の教授になったものですから、その後、

「あの人は、パウリが書きかけていた論文を自分の名前で出して有名になったんだよ」と悪口をいわれていました。

そのエンツ教授が、ワインを飲みながら、生前のパウリから聞いた話などを僕に語ってくれたのです。本当に驚きました。こんな話を知っている物理学者は、日本ではそうはいないでしょう。

はせくら　それはそうですよね。まさしく現場の声、ですよ。

保江　別の教授は、奥さんが若い美容師とできていると思い込んで、奥さんを撃ち殺してしまったというのです。もちろん、重大な犯罪ですが、彼はノーベル賞級のすごい物理学者だったので、スイス当局としても困ってしまって……。
それで、精神異常ということにして、精神病院に入院させました。その精神病院から終生、ジュネーブ大学に通っていたそうです。

エルンスト・シュテュッケルベルク先生という、とんでもない天才、かつ貴族でした。ドイツ系の方で、生涯で3度、ノーベル賞をとり損ねたという。

その最初が中間子理論で、湯川秀樹先生よりも早く、湯川先生よりもカッチリと中間子理論の論文を書き上げていたのです。それを、指導教授であるパウリに渡したら、

「こんなものはつまらない」と、引き出しにしまったままにしてしまいました。

そのうちに、湯川先生が先に中間子理論の論文を出してしまって……。

はせくら　可哀そう……。

保江　次が、朝永振一郎（ともながしんいちろう）（＊物理学者。量子電磁力学の発展に寄与した功績によってノーベル物理学賞を受賞）先生の量子電磁力学のくりこみ理論です。

やはり、それよりもずっと早く、もっと正確な論文を書いていたのですが、それもパウリがこんなものはつまらないといって……。

はせくら　そんなところに「排他律」を使わなくていいのになぁ。

保江　そして、レフ・ランダウというソ連の物理学者が出した、超伝導、超流動についての理論です。

それも、シュテュッケルベルク先生が先に出していたのに、パウリがやはり引き出しにしまってしまいました。

はせくら　パウリは本当は、嫉妬していたのでしょうか。

保江　おそらくそうでしょう。自分よりも賢すぎるとね。

それで、シュテュッケルベルク先生は頭がおかしくなってしまったのかも。

はせくら　3度もそんなことをされて……それは同情しますね。

保江　ある日、ジュネーブ大学に出勤した僕が、物理教室の玄関に近づいたときのことです。目の前にタクシーが停まって、運転手さんが、

「あなたは、この大学の人ですか？」と聞くので、

「そうだよ」と答えたら、

「精神病院から連れてきたこのじいさんが、ここの教授だといっている。それで、『俺がここに来たというのを、係の者に伝えろ』と叫んでいるんだが、どう見ても精神異常者だ。なんとかしてくれませんか」というのです。

僕はそれまで、シュテュッケルベルグ先生に会ったことがありませんでしたが、「そういえば、精神病院から通っている先生がいると聞いたな」と思って、タクシーのドアをうやうやしく開けてあげたら、チラッと僕の顔を見た先生は、

「君がドクター湯川か？」と聞くのです。「僕は湯川先生の教えは受けたけれど、ご本人ではありません」と答えたら、すぐににっこりして、「そうか。じゃあ俺の部屋に連れていけ」と。

もし僕が湯川だといっていたら、命が危なかったかもしれません。

はせくら　殴られていたかもしれませんね。

保江　東洋人に会ったら、必ず「お前はドクター湯川か？」と聞くそうです。後に、他の先生から聞きました。

はせくら　よかった、本当に命拾いしましたね。

ユングとパウリの、超能力原理の追求

はせくら　『人間と「空間」をつなぐ透明ないのち』の本を拝読したときには、本当に感動しました。個人的に一番ヒットしたのが、物理とは、物の理（ことわり）を知る学問であるというところです。

昔から私は、物事の本質を知りたいと願っていたんですが、その想いが種にあったからこそ、物理好きになってしまったんだなということがわかったからです。

保江　ありがとうございます。

しかし、それにかかわるような世界的に有名なノーベル賞級の学者の実態は、みんな人間っぽいというか変わり者というか、「is be」というか……。

はせくら　天然度の高い……。

保江　イマジナル・セルなのです。

はせくら　規格外、常識越えじゃないと無理ですものね。

保江　はい。僕もそう思います。

はせくら　常識的な判断の中では、どうしても人は新しいものに対する恐怖感が大きく、やがて死んでいくイモムシ細胞になってしまうのです。

保江　エンツ先生から聞きましたが、理論物理学の教授だったパウリが、実験をしている研究室に立ち入ると、実験装置が止まったり、スパークしてしまうことがとても多かったそうです。だから、立ち入り禁止になってしまったと。

はせくら　相当ショックだったでしょうね。

保江　そうです。高価な機材が壊れてしまうので出入り禁止にされたりしているうちに、やっぱり頭がおかしくなりまして。

はせくら　ええっ？

保江　精神病です。自分が主体の研究室なのに、入ることもできないというストレスもあってだんだんとおかしくなってしまい、精神病院に通うことになりました。

そのときの主治医が、かのカール・グスタフ・ユングでした。

チューリッヒの高名な精神分析医であるユングのところに、パウリが患者として通ううちに、二人は意気投合するのです。

はせくら　ユング先生とパウリ先生が……、すごいお話ですね。

保江　共著の本まで出していますよ。『自然現象と心の構造―非因果的連関の原理』（海鳴社）というタイトルで、日本語訳も出ています。

ユングはパウリに会ってから、超能力や霊能力、それからＵＦＯにまで、興味を持ち始めました。どうも、パウリもやはり、宇宙人だったのではないでしょうか。だから、地球の社会では変わり者とされてしまったのです。

一般人から受け入れられない人は、精神病だとされてしまいますから。

はせくら たとえば、今増えている学習障碍児とかＡＤＨＤと診断される方たちって、この世界では病として扱われていますが、本来ならそうした分類に当てはまるというだけであって、病気というわけではないですよね。

保江 そのとおり。

はせくら それは、才能とも呼べるものですものね。

保江 晩年、パウリはユングといっしょに論文を書きました。それは、超能力の原理を追求したものです。

当時、パウリはハイゼンベルグといっしょに、**場の量子論**を初めて提唱して、量子電磁力学、つまり電磁場の量子論を出していました。

そして、パウリはその量子電磁力学を使って、テレパシーのからくりやメカニズムをユングと二人で論文にしていたのです。

先述のように、パウリが亡くなったときに、エンツ先生が部屋を片付けたそうなのですが、机の引き出しに、その論文を含め、いろいろな資料などが入っていたというのです。

法定相続人であるパウリの奥さんに見せたところ、奥さんが、

「ユング先生と共著のテレパシーに関する論文以外は、パウリの名前で出すように手続きを取ってください」といいました。

テレパシーの論文については、

「こんなものが世に出ては、ノーベル賞受賞者であるパウリの名声が地に落ちます。処分してください」とおっしゃったそうです。

ところが、エンツ先生は処分しなかったのです。

当時はコピー機もありませんから、感光紙に焼き付けることで複写ができるブループリント、青焼きという手法でその論文だけは残し、オリジナル原稿は奥さんの前で焼きました。

エンツ教授が研究室の助手兼講師として僕を雇ってくれたことで、僕はスイスに行ったのですが、エンツ教授は研究室で、僕の歓迎会を開いてくれました。

僕は当時、チーズが嫌いで食べられなかったのですが、よりによってチーズフォンデュでもてなしてくれて……（笑）。仕方がないので、パンだけをつまみにワインを飲んでいました。

そのときに聞いたのが、

「パウリとユングが書いた、テレパシーを量子電磁力学で解明した論文があるんだよ」という話だったのです。

当時の僕は、超能力などの超常現象といったものにあまり興味がありませんでしたから、適当な相槌を打っていたのですが、

「見せてあげる」といってくださって。

その論文は、本当に量子電磁力学、電磁場の量子論を使って、人間同士の脳の間で、どのような物理現象でテレパシーが可能になるのかという問題が計算されていました。

量子電磁力学の場の量子論の式が、ずらっと並んでいましてね。僕は見たものを画像とし

て記憶できるので、数式展開のポイントはだいたい覚えられたのです。

はせくら　やっぱり天才！　見ただけで記憶できてしまうって……。

保江　エンツ先生がお亡くなりになったら、いつか世に出してやろうと思っていました。そして、エンツ先生は先日、お亡くなりになったのです。

はせくら　えっ？　時は来た、ですか？

保江　パウリはやはり、３０００人の宇宙人の一人だったと思います。シュレーディンガーもそうですが。

はせくら　そうでしょうとも。そういう方たちは、そのときがきたら、大切な宇宙の真理をポップアップさせるようにされているのですね。

保江　時が来たら……ですね。イマジナル・セルのような存在ですから、時が来るまでは変な目で見られて叩かれ、いじめられるのだと思います。「イジメラレ・セル」と呼べますね。

はせくら　大変ですよね。けれどもそういう人たちは、そもそもあまり人の目を気にしていない気がします。

保江　そうそう。

はせくら　鈍感力があるというか。

保江　そういう人たちですね。

はせくら　一応傷つきはしますが、それよりも先のほうが楽しみになっちゃうから、さほど深追いはせず、好きに展開していくのです。

保江　そうそう。シュレーディンガーは、とりあえず新しい方程式を見つけたと報告をする手紙を出してから、「シュレーディンガー方程式」と名前がつくようなものにするために、1週間かけてもっともらしい論文を書き上げました。

それが功を奏して、ノーベル賞をとったのです。

はせくら　そして、そのさらに根底をいく式を、保江先生が見つけられたのですよね。

保江　僕はその話を聞いて、「いいなあ。彼女と休暇中にノーベル賞レベルの方程式を思いつくなんて……あやかりたい」と思っていました（笑）。

その頃の僕は高給取りでしたから、イタリア製のスポーツカーに乗っていました。気持ちよく走らせたいと思ったのですが、スイスは日本同様に速度制限があるので、あまりスピードを上げては走れないのですね。

あるとき、ドイツの大学から講演に来てほしいと招待されました。

ドイツに行くと、アウトバーンという、速度無制限の区域がある高速道路があるのです。

もちろん、スポーツカーで出かけて、スピードを上げ快調に走らせていたのですが、突然にひらめいた……、方程式が脳裏に浮かんできたのです。

ただし、残念ながら助手席には誰もおらず、一人でドライブしていた最中でした。

はせくら　先生が編み出されたヤスエ方程式は、シュレーディンガー方程式のベースとなるところを、さらに深く読み解いてしまったのですよね。

保江　量子の運動を記述する記号はプサイであり、プサイというのはプシュケのことでしたね。シュレーディンガーは、ウパニシャッド哲学を通して「心」の実相に興味があったから、プサイを使ったのです。

そのうちに、マックス・ボルンが確率解釈を始めました。

しかし、プサイというのはどこに存在するのか……、まず、この空間の中にあるものではない、ということになりました。

単なる便宜的な数学的概念だとか、確率を表すものだといわれていたのです。

僕がひらめいたその方程式と、湯川秀樹先生の素領域構造の両方を組み合わせて初めて、素領域から素領域にポンポンと飛び移っているエネルギーが量子、そうした運動を規定するのがプサイだと定義することができました。

その**プサイというのは、素領域の泡の分布、つまり泡の背後にある完全調和の部分がつながったネットワーク（網）自体を示している**ということがわかったのですね。

それで、背後がすべてクリアになり、プサイ、プシュケの意味までも理解できるようになりました。

プサイは、空間という素領域の側にあるのではなく、素領域と素領域の間の完全調和の網の側、「is be」の側にあるのだと。

はせくら　「is be」の側にくっついているといいますか。

保江　**「is be」自体がプサイ**でもあります。「is be」の形態そのものがプサイである、ということを、見つけることができたのです。

僕がスイスに行ったのも、深い意味があると今では思えます。日本にいたままで、湯川先生の素領域理論だけ続けていたら、この方程式にたどり着かなかったからです。湯川先生の素領域理論がなぜ流行らなかったかというと、あまりに子供じみていたからのように思えます。

「泡がいっぱいあって、泡から泡にエネルギーがポンポン飛び移っているのが素粒子だよ」といったところで、それを記述する方程式がどんなものなのか、その方程式がどういう極限で、今の素粒子の運動を記述する量子力学や場の量子論の方程式になるのかといわれても、湯川先生も含めて、まだ誰も見つけることができていない、そんな状態でした。

あのとき、僕がイタリア車でアウトバーンを走る必要があり、その前にシュレーディンガーがクリスマス休暇で彼女といたところで方程式をひらめいたという話を聞いておく必要もあり、パウリが主治医のユング先生と共に超能力の研究をしていたというのも知っておく必要があったのです。

シュレーディンガーが方程式をひらめいたそのクリスマス休暇に、連れていったのが誰だったかがまだわかっていないので、それを突き止めようとしている歴史研究家がけっこういるのですよ。

はせくら　わぉ、そうなのですね。

保江　そこに、多くの人が注目しているのです。奥さんでないことは証拠がもう見つかっているので確実だそうです。

じゃあ誰だと……、当初は、姪御さんだといわれていたのですが。

はせくら　いや、違う気がする……。

保江　それも、今は違うということになりました。手がかりがないような状況ですが、たしかに若い女性を連れていたのだそうです。

はせくら　歴史の陰、大発見の陰に女性あり。

保江先生は、残念ながら大発見の陰にスポーツカーありでしたね（笑）。

保江　僕の場合はそうだったのです。……無念です（笑）。

はせくら　本当に、今のお話もすべて、予定調和の中で起こっていたのですね。

保江　自分自身の体験や、そんな話を聞くにつれて、その予定調和を誰がアレンジしてくれているのか？　と考えてみると、やはり、神様にたどり着くわけです。

この世界は神様の中にいるようなもので、神と同化しているというか、もう、同じものだと。

「モナド＝完全調和＝神＝『is be』」、それしかないと思うのです。

はせくら　では、その完全調和であり、「is be」であり、対称性であり、その中にある個々のモナドが同じということですか。

保江　全部が同じものなのです。

退屈しているから、一人2役、3役、4役、5役と演じているわけです。

たとえばその役に、はせくらモナド、はせくら「is be」や、保江モナド、保江「is be」があり、その一役の保江「is be」が退屈だからと増やしていった結果、こんなに多種多様に豊かになっているという。

「一円融合」――二宮尊徳の悟りの境地

はせくら　そうなるとまさしく、日本の神話のように、宇宙の御中(みなか)で生まれた、天御中主神(あめのみなかぬし)から始まり、多くの神々が生まれたその先にある私たちのいのち、という考え方ともつながってきますね。

保江　まさに、そうです。その中に、「**言挙げせず**」という一節もあります。

はせくら　言葉にせずとも在るということですね。

十九世紀の僧侶、西行法師の、「なにごとの　おはしますかはしらねども　かたじけなさに　なみだこぼるる」の和歌を思い出しました。

そういえば、昔の人つながりで思い出した名前があるのですが……二宮尊徳（＊江戸時代後期の経世家、農政家、思想家）が、最近のマイブームなんです。

保江　尊徳さんですか。

はせくら　もとは豪農だった尊徳さんの家ですが、両親と死別したことで、彼はたいへんな苦労を重ねながら大人になります。彼は勤勉であるだけではなく、お金の才覚もあったので、当時の小田原藩に認められ、藩の財政を立て直すことに成功するのです。

その功績が幕府から認められ、水戸藩の管轄である、桜町というところの立て直しを命じられました。

そこに行ってわかったのは、貧困にあえいでいるその奥には、心の貧困（貧しい心持ち）があることに気づいた尊徳は、誰よりも早く起きて自ら畑を耕すことを始めます。

その行為に心を打たれた人たちが、新田開発ならぬ、「心田開発」をし、心を入れ替えていくのです。すると、貧困からも脱却することに成功しました。

皆からも慕われ、成果もあげていく尊徳さん。それを見て嫉妬した他の役人から疎まれ、ことごとくいじめられます。そのうちに、農民の心も尊徳さんから離れていきました。

この状況に対して、尊徳さんが行った行動は……断食でした。21日間、お寺に籠もって断食修行したのです。

そんな中、尊徳さんはある悟りの領域にいたります。それが、**「一円融合」**です。

一円融合を私なりに簡単に説明すると、「万物は一円の中に含まれていて、それらが互いにかかわり合いながら、存在する」というものです。

保江　まさしく、モナドですね。

はせくら　そうなんです。以来、よくないからといって排除するのではなく、すべてを生かすといったあり方で、他の村々も救済していったとのことです。

その実践法が**報徳思想**と呼ばれるものになったのですが、この思想に影響を受けた有名な人物が12人いて、そのうちの一人が渋沢栄一だったんですって。

保江　渋沢栄一もそうだったんですね、びっくりだ。

はせくら　私は、小田原にある尊徳記念館でそのことを知ったのですが、個人的に驚いたのは、影響を受けた人物の一人に、尊徳さんのお孫さんがいらしたことです。

二宮尊親（たかちか）氏というのですが、その方は北海道へと渡り、荒れ地を開墾した方です。

保江　明治になってからの開墾ですね。

はせくら　はい、そうです。実は、尊親氏が開拓した土地のすぐ隣が、山口県出身である私の祖父が戦前、移り住んだ場所でもあったのです。

保江　それは、ご自身のご意思によって？

はせくら　そうだったようです。希望を持って親族と共に北海道へと渡り、入植したのだということを、先日、父から初めて聞きました。

また、祖父は、北海道へ来る前には、当時の朝鮮にて日本語教師をしていたそうなのですが、やめて、北海道の開拓に加わったとのことです。

この話を聞いて、なぜ急に二宮尊徳に興味を持ったのか、また私が昔から日本語に強い関心を寄せているのかの御先祖様からの想いが流れている気がして、胸がいっぱいになったんです。

保江　そうなのですね。僕も去年の暮れに札幌に呼ばれて、3日間ほど行ったのですが、行く前から不思議だと思っていたのが、古事記だったのですよ。

古事記に出てくる話は津軽までで、北海道の記述がいっさいないでしょう。

大倭日高見国（ひたかみのくに）、つまり日本は津軽までで、北海道は違う……、日本ではなかったと。

蝦夷の土地は、ロシアの影響を受けてはいけないと、明治維新の前、つまり江戸時代から松前藩が仕切っていたでしょう。

そして、北海道を日本国にしなければと、明治時代になって積極的に開拓しましたね。明治陛下に進言して、松前藩だけではダメだということで日本中から人を向かわせて開拓をしたのが鍋島なのです。

はせくら　そうだったのですね。

保江　鍋島は長州と土佐と薩摩にお金を出して、大砲と船も支給して明治維新を起こさせました。特に、田布施の長州藩にものすごい影響力があったのです。

はせくら　初めて知りました。

保江　北海道の開拓については、実は裏で、鍋島が仕切っていたのです。ですから当然、長州や土佐、薩摩の人を行かせているのですね。

北海道は日本の神々がいらっしゃらない土地だから、きちんとしておかなければならないと、鍋島が造ったのが札幌でした。

はせくら　京の都に似せたのですよね。

保江　よくご存知ですね。

はせくら　若かりし頃、住んでいました。

保江　北何条とか、碁盤の目のような街の造りとか。ロシアの影響力を排除するために、北海道に裏京都を造った……、それが札幌なのです。

その要として作られたのが、北海道神宮です。

はせくら　大国魂神（おおくにたまのかみ）がご祭神ですものね。

保江　というお話を、現地で初めて聞きました。

それで、そういえばはせくらさんも、札幌の頃にＵＦＯとの遭遇があったとかおっしゃっていませんでした？

はせくら　そうですね。ごくたまにですが、神宮近くの三角山付近で見かけることがありました。飛行機でもなく、星でもなく、なぜか「ある」「いる」んです。しかも、そうした記憶は鮮明さを保ったまま忘れないで、残るんですね。

そういえば、生まれ故郷である道東にいたときは、幼少期ではありますが、「コロボックル」を観ていたんですね。その感覚がＵＦＯになりかわったという感じでした。

とはいえ、特段興味がなかったので、それきりです。

保江　そうだったんですね。ところで、ご先祖様は山口県のどこ出身でしたか？

はせくら　山口県光市の近郊だといっていました。

保江　田布施の近くですよね。

はせくら　はい。光市にはまだ親戚がいるはずだよと父はいっていました。
田布施からは車で20分ぐらいの距離だそうです。

保江　そうそう。田布施というのはごく狭い範囲の地名なのですが、熊毛郡に属するのですよ。そのあたりが、うちの出所です。

はせくら　えっ？　熊毛郡!?　ちゃんと覚えていないいんですが、動物っぽい名前だったと記憶しています。

保江　ええっ！　驚きですね！　うちは、田布施よりちょっと大きい町で、一応駅もありますよ。柳井です。

はせくら　もしかしたらとても近いかもしれません。海側だと聞いています。

保江　やはりそのへんに、集中させられていたということでしょうか。

田布施システムとかいわれていますが……伊藤博文も田布施ですね。

はせくら　面白いこともあるものですね。

「中今」は「完全調和」そのものである

はせくら　今回、モナドについて学びながら、そこから見えて映し出されている世界とはなにかについて考えていました。

そこでひらめいた言葉が、「仮相」の空間という言葉です。

保江　実相と仮相ですね。

はせくら　そうです。「かそう」と発語すると、通常はバーチャル世界の「仮想」が浮かびますが、仮想空間の中のどのバージョンを見るのかということも、その実心の相（そう・かたち）が変わることで変幻自在に変化していくのかな、って思ったんです。なので、仮の相としての仮相もあるかなと。

保江　漢字って面白いですね。そうか、心が変われば相が変わるのですね。

はせくら　はい。想いとはまさしく心の相なので。ということは、モナドの内側で認識している世界というのは、あくまで今、この瞬間が映し出す世界のイメージで、そこにあるのは、宇宙だけ。

保江　宇宙があるのみで、そこでモナドを捉えようとしても、波動しかない。

はせくら　波動しかないです。

保江　あえてイメージすれば、そんなものですよね。

はせくら　では、その中における時間とは、どういう働きをしますか？

保江　その中で仮想認識するという、**認識の手段としてある時間**です。

はせくら　認識ツールとしての時間なのですね。逆にいうと、時間がないと認識もできないということですか？

保江　波動があるだけではなんにも認識できませんが、認識という形で心に投影するためには、どうしても時間という道具が必要になってくるのです。

はせくら　では、その中における「今」は、どういう位置づけですか？

保江　その中に今はありません。単に物差しですから。**物差しという道具としての時間の中に、「今」の概念はない**のです。中込君も何度も書いていますが、「今はない」と。「今」というものは、そもそも表現できないのですよ。

「今」は、仮相の世界ではない、実相のモナドの中にあります。

一方、**「is be」、「完全調和」、これは「今」の連続**なのです。常に「今」＝「中今」といってもいいでしょう。「is be」、「is now」なのです。

はせくら　「is be ＝ is now」なのですね。

では、表現を変えておうかがいしたいのですが、モナドを認識するとき、あるいはモナドが認識できるときというのは、「今」という感じで知覚できるのですか？

保江　モナドが世界認識をして、仮相的にでも内部空間を作ろうとするときには時間という概念がありますが、そこには「今」はありません。

はせくら　やはり「今」は含まれていないのですね。

保江　いません。では、「今」というのはどこにあるのかというと、「is be」と同じで、「is now」です。

はせくら　そちら側に含まれていると。

保江　しかし、**「is be」自体、「完全調和」自体が「今」**なのです。

はせくら　なるほど。

保江　それ以上はいえません。……言挙げできないのです。

はせくら　どうやってモナドを意識したらよいのでしょう？

保江　むしろ、**意識するのをやめたほうがいい**ですね。**意識すると、認識の道具の時間のほう、クロノスの側に入ってしまいます**から。

はせくら　そうかぁ。

保江　だからもう、忘れて没入するのです。

はせくら　没我……。

保江　それで初めて接するのです。「接する」という表現が一番近いですね。今に接するというか、今を感じる……。今に浸る、没入というよりは浸る、浸って溶け込む……、今に溶け込む、といった感じでしょうか。それでやっと、「今」というものになります。

「今」とはとにかく意識できない、認識できないものなのです。なぜなら、「is be」の側のものだからです。

しかし、我々人間には常に、「今」という感覚があるのです。

本当は、「今」しかない……、裏を返せば「is be = is now」、つまり**「is be」であることが今なのです。**

はせくら　ここに「今」がある限り、私たちは「is be」の中に溶け込まれているということですか。

保江　そう。ここに「今」がある、つまり中今ですね。
頭で考えて認識を産み始めたら、もう「今」が消えてしまうのです。

はせくら　「今」ではなくなるのですね。意図的で、白々しくなってくるような。

保江　そうとしかいえません。

はせくら　これは、少しクロノスっぽくなってしまうのですが、どこに意識を向けるかというときに今に立ち戻る……、少しでもそちら側に戻すという意識がけがいいのでしょうか。

保江　たとえば、男子だったら、子どもの頃にプラモデルを作るでしょう。
お母さんが、「晩ご飯だよ」と呼びにきても、「あと5分、あと5分」といっている間に1時間たっていたりする……、その**没入する感覚で、今に溶け込める**のです。

はせくら　なるほど。

保江　それからもう一つ。**炎が燃えている状態もいい**のです。キャンドルでもキャンプファイヤーなどの焚き火でもいいのですが。

炎の揺らめきがいいのです。あれを見ている間は、今に溶け込んでいると思えるのですね。

昔、孤児院といっていた場所は、今は児童養護施設でしょうか。孤児となった子どもを、職員が児童養護施設に連れてきますよね。

その子どもは、自分がこれからどうなるのかもわからずに、とても不安です。親が亡くなったとか、逃げたとか、自分を守ってくれるはずの保護者がいなくなって、知らないおじさん、おばさんに手を引かれて、初めての場所に連れていかれるのです。泣きわめいている子が多いというのも納得です。

そういう子どもは、何をどうやっても泣き止まないそうです。かといって、泣き止んでくれないと話もできませんから、次に進めないでしょう。

泣き止ませることを、児童養護施設の世界では、ハウスインテークというそうです。インテークというのは入り込ませるという意味で、ハウスというのは養護施設のことですね。これが、一番重要なプロセスなのだそうです。

何をしても泣き止まない子にどうするかというと、暖炉の火、暖炉がなければ焚き火をして炎を見せるそうです。燃える炎を、施設の養母さんの隣に座って、黙ってじっと見続けるという。これが、最も早く泣き止ませる方法だといいます。

僕はこの話を、養護施設の元理事長さんから聞いたのですが、そのときに驚いてこういったのです。

「実は、僕にもその経験があります」と。

はせくら　そうなのですか。

保江　物心つく前から、僕には母親がいませんでしたから。

学校に行って、いじめられたとか先生に怒られたときに、普通の子どもであれば家に帰って「お母ちゃーん」と泣きつくことができますが、僕にはできなかったのです。

たとえば、いやなことをされたり、パニックになったようなとき、心が破裂しそうなとき、僕は必ず、お風呂の焚き付けをしていたのです。

その頃、うちは日本の古いお屋敷的な造りで、お風呂が五右衛門風呂でした。

はせくら　今では超贅沢ですね。

保江　今ではそうかもしれません。土間にある焚口から薪や燃えるものを放り込んで、2時間焚き続けないと、五右衛門風呂はお湯が沸かないのです。

はせくら　2時間も……。

保江　新聞紙を入れて火を焚き付けてから、薪がなくなったら次の薪を入れるという繰り返し……その炎を焚口から2時間ずっと見ているうちに、心が収まるのです。当時は、それが気持ちを落ち着かせる効果があるなんて知る由もないのですが。

土間に座って2時間炊き続けるというのは、子どもにとって相当過酷な作業です。普段はおばあちゃんがしてくれており、僕は毎日はしませんでした。

はせくら　そういうことがあったときだけだったのですね。

保江　それで気持ちが復活していたのです。

はせくら　火の力、恐るべしです。

火は霊の形代（かたしろ）ともいわれています。霊の旧漢字は「靈」ですが、雨冠はアメ、天から降ってくるものを指し示す、いわば天の象徴です。その下に三つの口があるのですが、それが、天を受ける三つの口――たとえば造化三神だったり三貴神だったり、あるいは、心魂体といった尊きものを象徴しているといわれます。

靈

興味深いのは、この下にある形です。人が二つ真ん中の棒を挟んで並んでいます。ちょうど巫女さんの巫という字と同じです。これは、天から授けられたものを受け取っていく様子を示したとのことで、この形が霊という字の元の姿で、私たちの本質を一文字で表現しているようです。

天地を結び、尊きものを受け取っていく存在、いうなればモナドそのものの顕れとしての我です。きっとそのことを、邦夫少年は、直観的に理解されていたのではないでしょうか。根源に還るその質感を。

保江　火を見て根源に還る、ですね。そういえば、拝火教はもちろん、どの宗教もたいがい火を拝みますよね。

はせくら　そうですね。やはり、こうしたプリミティブなものの中に、根源なるもの、完全調和の世界を呼び覚ます。なにかスイッチのようなものがあるのかしら。

保江　そうですね。なにせ子どもが泣き止みますから。

シュタイナーの施設で感動する

はせくら　そういえば、我が家の子どもたちの子育てにはシュタイナー教育（＊オーストリアの哲学者・神秘思想家ルドルフ・シュタイナーが提唱した「教育芸術」としての教育思想と実践のヴァルドルフ教育を日本で紹介する際に、名付けられた呼称の一つ）を取り入れていたのですが、そこで推奨されていたのが、キャンドルの火を灯して、そこで物語を語る、というものでした。

物語は本を読むよりも、お母さんが覚えて語ったほうが良いとのことでしたので、ストーリーを覚えて、毎晩、いろんなお話を子どもたちに語り聞かせていたのです。

面白かったのは、三男がベビーだった頃、普通に語り出しても赤ちゃんはぐずったり、泣き出したりするのですが、なぜかキャンドル一本立てるだけでじーっと明かりを見つめ、静かになってしまうのです。

落ち着いたところで、炎の揺らめきを見つめ「昔、昔あるところに……」と語り、物語世界に没入していくんです。
何度やっても、火を灯すとベビーは大人しくなるので、本当に不思議だなぁと思っていました。

保江　すごいですね、それも。

はせくら　神秘的ですよね。

保江　やはり、シュタイナーは素晴らしいですね。

はせくら　そのキャンドルも、自分たちで蜜蝋を溶かして作るので、火をつけるとふわっと良い香りがするのですね。その香りと静けさが大好きでした。
今思えば、あの頃は毎晩、シュタイナーで教えてもらった、祈りの言葉というものを唱えていたんです。どんな言葉かというと……

「宇宙を導く神の力から流れる光と熱よ。どうぞ私たちを包み、守ってください」だったかな。

子どもたちが大きくなるにつれて、自然とそのお祈りの言葉ではなくなっていったのですが、彼らが成人する頃、ある夢を見ました。それは、夢の中でシュタイナーが現れて、「あなたの子の面倒を見ますよ」というものだったんです。

すると、その後本当に、ドイツにあるシュタイナーの教育施設での留学の話が舞い込んできたのです。

保江　それもまたすごいですね。

はせくら　私もびっくりしました。それで、大学に通っている息子に聞くと「行きたい」というので、そこから急遽、ドイツ語を学び、面接試験を受け、彼は無事、二十歳の誕生日に、ドイツへと旅立ちました。1年間日本の大学は休学しましたが、そこでは多くの得難い体験をしたようです。

保江　スイスのドルナッハでしたか、シュタイナーが設計したゲーテアヌムという施設があるのは。

はせくら　そうです。シュタイナーが提唱したアントロポゾフィー（人智学）協会の本部となっている建物ですよね。

保江　面白い形の建物ですよね。

はせくら　独特な形ですものね。シュタイナー建築って。

保江　ドイツには、シュタイナー医学を学べるところもありますよね。

はせくら　はい。シュタイナーの医学（アントロポゾフィー医学）

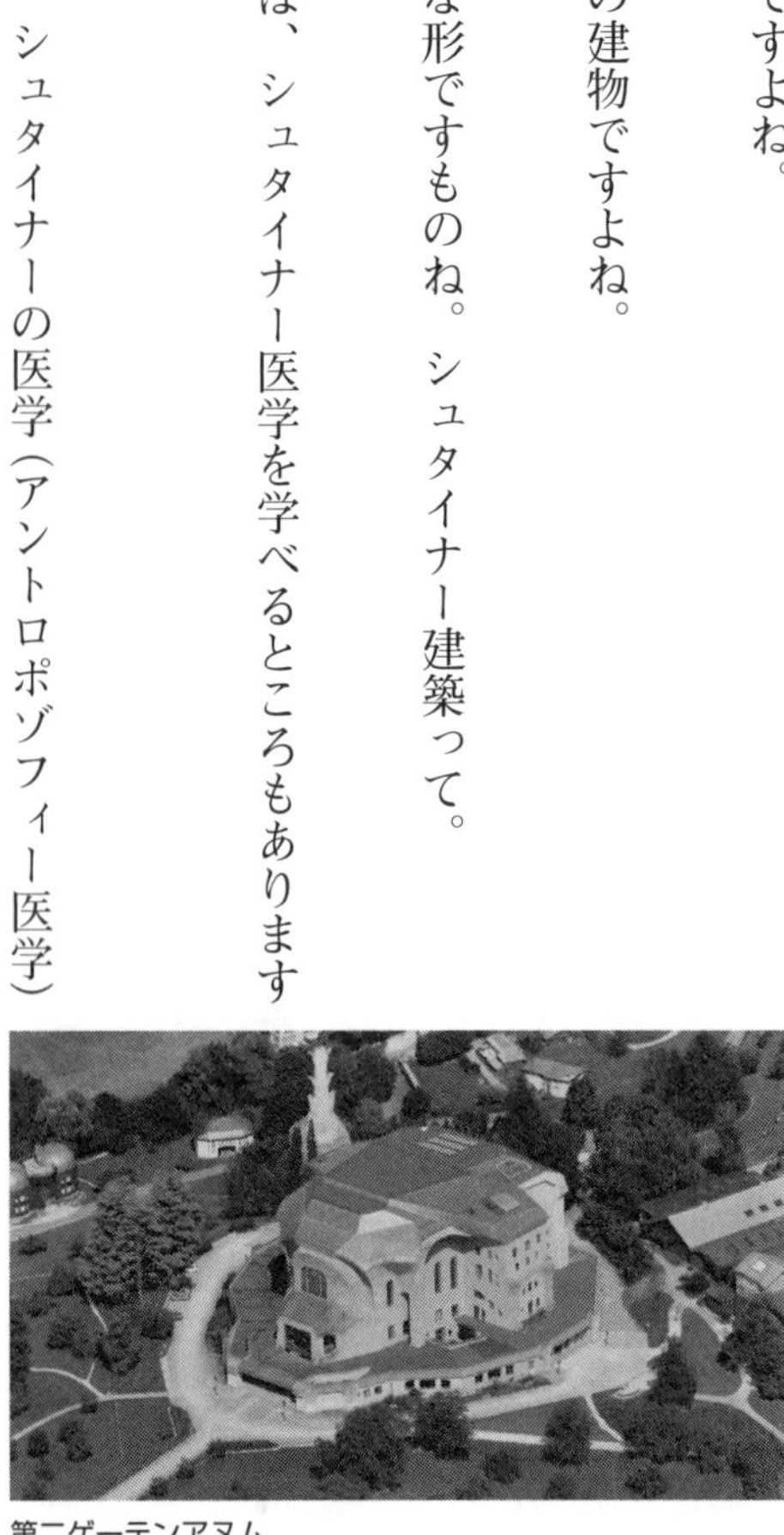

第二ゲーテンアヌム

は、統合医療的な考え方で、とても奥が深そうですよね。

そういえば、息子を訪ねて、ドイツにあるシュタイナー施設を訪れたことがあるのですが、そこのコミュニティーは、２００人ほどの住人で構成されていました。

家に鍵をかけることもなく、それぞれを尊敬、尊重し合っている空気がひしひしと伝わってきて、静かに感動したことを覚えています。

また、仲間の皆で食事をとるのですが、その食事の質に驚きました。私は朝ご飯をいっしょにいただいたのですが、まず野菜を収穫することから始まり、ニワトリの卵を拾いにいったり、手作りのパンを焼いたりした後で、美しくしつらえたテーブルセットに並べ、祈りと共に、朝の食事が始まるのです。

三男は、けっこうな喘息持ちなのですが……。

保江　僕といっしょですね。

はせくら　それで心配していたのですが、ドイツでは一度も発作が起こらなかったのです。

保江　やっぱり。

はせくら　とても健康的になって帰国しました。けれども、日本に戻ってきたとたん、鼻水が止まらなくなって、体調を崩したのです。

本人いわく、空気があまりよくない気がする、というので驚きました。ずっと日本にいると気にならないのですけれどね。

というわけで、我が家にとってシュタイナー先生は、恩義を感じるありがたき導師のお一人でもあるのです。

保江　僕も一時、シュタイナーにハマっていました。

はせくら　まぁ、そうだったのですね。

保江　高橋巖先生が翻訳したシュタイナーの本を、ほとんど読んでいると思います。

はせくら　巌先生が訳された『いかにして超感覚的世界の認識を獲得するか』（ちくま学芸文庫）などは、不朽の名著ですものね。

他にも、これはたしか西川隆範先生のほうの訳だったと思いますが、『シュタイナー天地の未来――地震・火山・戦争』（風濤社）という、なかなか意味深なタイトルの本があるのですが、その中に、地球は球体ではなく四面体で、その頂点に位置するのが日本であると書いてあるのです。

保江　面白い！

それにしても、はせくらさんとの共通点がどんどん出てきて、驚いていますけれども。

はせくら　私もびっくりしています。

保江　やはり、3000人というのはそういうつながりもあるのでしょうね。

はせくら　おそらく。シュタイナーもやはり、その時代のイマジナル・セルでしょうし。

中込先生が今、お住まいの近くにいらしたという空海さんも……。

保江　空海は室戸岬の洞穴で、明けの明星（＊金星）が口に入ったという体験をしていますものね。

はせくら　はい。そういう方たちはやはり、イマジナル・セルとして、先に灯りを照らしていて下さったんでしょうね。

保江　まさにね。

はせくら　たとえ今、休眠中のイマジナル・セルであったとしても、思い出せば目覚めてしまうのだと思います。さぁ、我ら一人ひとりの内なるイマジナル・セルよ、起きよ！　の時期なのですね。

パート4　宇宙授業で教わったこと

はせくら　先生、あらためてライプニッツや素粒子のお話をもう少し詳しくおうかがいしたいのですが……。

保江　はい、なんなりとどうぞ。

はせくら　素粒子が、素領域から素領域へぴょんぴょんと飛び移っていくときの振動は整数倍であると、先生のご著書にありませんでしたか。

保江　はい。飛び移るときのエネルギーが、整数倍なのです。

たとえば、ある素領域に、基本的なエネルギーの2倍のエネルギーが入っているのがあれば、そこには素粒子が2個ある、3倍のエネルギーが入っていれば3個あると理解できるので、それを素粒子というものの個性、つまり、1個、2個、3個と数えることができるとしたのです。そこから、粒々という発想にいたるのですね。

でも実際は、1個、2個というものではなく、単にエネルギーとして、飛び飛びの値でしか測れないというだけなのです。

基本的なエネルギーの量の15倍のエネルギーがその素領域にあって、それがポンと隣に移ったときに、素粒子が15個飛んできたと理解するのです。

それが、**「場の量子論」**の理解になります。実際に、15個あるというわけではないのですね。

はせくら　エネルギーが示す値を、N個として暫定的にいっているのですか？

保江　それが、物理学でいう粒子という表現なのです。

一般的には、粒子は本当に粒々なのだろうと思われているでしょうが、そうではなく、**単にエネルギーが飛び飛びにやってきている**ということなのです。

はせくら　そうだったのですね！　驚きです。

通常、粒子と聞くと、粒々で、一つと一つが合わさると二つという理解になるのですが、実際は単純な数字ではなく、**エネルギーとして観る**、ということだったんですね。

となると……それを拡大解釈していけば、極論かもしれませんが、あの人とこの人で二人いるとした場合、通常は粒子的に人数にフォーカスしますが、本当はエネルギーなので、エネルギーとしての人を観る、といった見方もできるのかなと思いました（みゆきノートまとめ11、12）。

保江　本当に、実はそうなのです。

我々が仮想世界というか、モナドの内部世界としてこの世界認識を作りあげているときに、時間という物差しだったり、粒という物差しだったり、波という物差しだったりを勝手に使っているのですが、**実態は、すべてエネルギー**なのですよね。

たとえば、虹は七色として見えてはいますが、エネルギーとしては連続的にあるのです。

はせくら　赤、オレンジ、黄色とつい、分けて考えてしまう……。

保江　七色に分かれて見えているわけではないのですが、我々の捉え方としてそうなってい

みゆきノートまとめ 11

量子のふるまいをとらえる方法とは?

大きく分けて、2つの捉え方がある

① 量子力学

量子のふるまいを見たい!

量子 そのものの動きを観測する方法

完全調和の場に戻ろうとするエネルギー

ひとかたまりの
粒としての動きを追跡

量子力学の考え方は
一つひとつの量子の動きを追跡する手法

② 場の量子論

場の量子論

すべての場（素領域）の中に
量子というエネルギーが存在しているか否か
をつぶさに調べる方法

量子がどこにいるかを探すだけなら量子力学だけで良いけれど、ひとつの量子がどのような状態で存在しているのかを知るには、場の量子論を使う必要がある

場の量子論は量子の数に関係なく、
場全体を解析・記述できるため、
適応範囲が広い

みゆきノートまとめ 12

局在化と場についての用語まとめ

局在化とは?	**非局在化**とは?
結合によって 束縛されている状態	結合によって 束縛されていない状態
場とは?	**量子の運動**とは?
空間の拡がりをもつ 物理的な作用のこと (例) 電磁場 重力場 ゲージ場	場の振動が 空間を連鎖的に伝わっていく現象である

ψ(プサイ) (**x** , **τ**)

ψ(プサイ)：場の量、波動関数

x：位置(座標・場所)

τ：時間

虹の色数の違い

7色	日本・オランダ・イタリア・韓国
6色	アメリカ・イギリス
5色	ドイツ・フランス・中国・メキシコ
4色	ロシア・インドネシア

ます。

はせくら　そうですね。もっともそれは日本人の見方で、世界に目を向けると、見える数が違いますものね。

保江　三色というところもあれば、八色のところもありますよね。

認識の物差しによって、見え方が違うのです。

はせくら　同じものでも、認識の違いによって世界イメージが変わるという、一つの実例だったんですね。

保江　虹が一番、わかりやすいです。実際はすべて、エネルギーなのです。

はせくら　素領域では、泡から泡へとエネルギーが移ります。

この移るということに時間は関係あるかというと、あまり関係ないのですね。

保江　完全調和、モナドに、一瞬で伝わっている鼓動のようなエネルギーが、常に移動しているものもいれば、しばらく移らないものもあります。

素領域の中にエネルギーがたくさん入ると、変形し始めます。ピーナッツ型とかドーナツ型になっていくのです。

一番エネルギーが小さいのを**スカラー光子**というのですが、そいつは必ずすぐに移動します。じっとしていられないのですね。

はせくら　落ち着きのない子ですね。

保江　落ち着きのない子、それがスカラー光子です。

その次にぴょんぴょん動くのが**ベクトル光子**で、ベクトル光子というのは実はスピノールの一種ですから、**スピノール光子**なのです。

はせくら　比較的、安定しているのですか。

保江　しばらくはとどまっているのですが、また次に行きます。地球を1秒間に7回り半するという光は、そちらのほうですね。

はせくら　それがベクトル光子なのですね、なるほど。

保江　スカラー光子は、我々の時間感覚でいくと一瞬で移動します。無限の速さです。

はせくら　では、ツイスト状のニュートリノはどうなのでしょう？

保江　光より少し遅いですね。ベクトル光子よりも少しねじれたかたちなので。

はせくら　ねじれの分、遅くなるという。

保江　ねじれの部分にエネルギーが滞在してしまうので、ちょっと遅いのです。

はせくら　ドーナツ型のスピノールくんは……。

保江　その子が一番遅いですね。やはり、エネルギーがとどまってしまって。

電子やクォーク、ドーナツ状のものは、より複雑なエネルギー形態なのです。

つまり、エネルギーの大きさが泡の形として表われている、ということなのです。

はせくら　ということは、形にエネルギーを宿すということですか？

保江　素領域が一つのシャボン玉だとすると、一番まんまるくて小さいシャボン玉が一番エネルギーが低く、ふにゅーんと延びたようなもの……めったにありませんが、その形だとその上ぐらいのエネルギーです。

さらに、ドーナツ状のやつはもっとできにくい、つまり、エネルギーが高いのです。

形状の複雑さに比例して、エネルギーが高くなっていきます。

そのエネルギーが隣のシャボン玉に飛び移るとき、たとえば、ただのまんまるいシャボン

みゆきノートまとめ 13

量子の種類

量子とは？
完全調和が破れたあとに泡できた無数の素領域（泡）の中で、
自発的対称性の破れによって生じたエネルギーのこと。

① スカラー量子

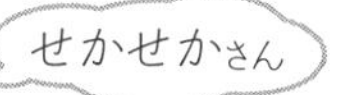

・カイロスのカイロン（時間量子）と共に瞬時に対の素領域へと飛び移っていくタイプ
・一ヶ所にじっととどまらない性質をもつ

② スピノール量子

おっとりさん

・モナド間の内部世界の認識の変化によって時間が経過しても、同じ素領域内でしばらく一ヶ所にとどまっている量子

1秒 30 万キロメートル→スピノール量子のこと
実は、スカラー場はもっと速い！

電子やクォークは
ほとんどがスピノール量子

光子（光量子・フォトン）

電磁場の 1/4 は
スカラー量子

スカラー量子は光の速度を超える

テレパシーはスカラー量子が関与
光速を超えて伝わるスカラー量子のはたらき

玉に、もっと複雑な形の中にいたものが飛び移るには、時間がかかるのです。
それで、クォークや電子、それが複合した重い素粒子というのは、光に比べてそんなに速く動けないのです。

はせくら では、自発的対称性の破れは、その前の段階にあるものですか？

保江 完全調和の状態のところに、対称性が自発的に破れて泡ができたということです。自発的対称性の破れ理論には、二つの主張があります。
完全調和、つまり完全な対称性を持つものは必ずいつか対称性が壊れます。そして泡ができるのが、第一の主張です。
第二は、対称性、調和が壊れたところには、また元の対称性、調和を復活させようとする働きが生まれます。この働きというのが、実はエネルギーなのですね。

はせくら 「働き＝エネルギー」ですね。

保江　**「働きが生まれる＝エネルギーが生まれる」**ということです。完全調和が壊れた泡があり、それを完全調和に引き戻そうとする働き、つまりエネルギーが生まれているのです。

はせくら　元の完全調和に引き戻す……。

保江　つまり、泡が消えるということなのです。完全調和の状態に戻るということは、泡が消えるということ。泡の存在があるということは、完全調和が壊れているからなのです。

はせくら　では、エネルギーとは、元に戻ろうとする働きともいえるのですね。

保江　今の物理学におけるエネルギーの定義は、要するに働きです。「働く作用＝エネルギー」。ですから、エネルギーが大きいというのは働く作用が大きい、エネルギーが小さいというのは働く作用が小さいということなのです。

完全調和に戻そうとする働きが生まれて、その働きが大きければ、エネルギーが大きいということになります。

実際のシャボン玉でもそうですが、まんまるいものはなかなか消えませんよね。いびつな形のもののほうが、早く弾けます。

はせくら　あっ、そうか。

保江　残るのは一番単純な形のもので、複雑な形状のものはすぐにパンと消えるというのは、つまり不安定なのです。元に戻そう、調和を取り戻そうとする働きであるエネルギーが高いものほど、複雑な形状の素領域になります。

消えると、その消える作用が隣にも生まれるわけです。

はせくら　伝播していく……。

保江　それを我々は、伝播と見るのです。

自発的対称性の破れの第二の主張では、壊れた対称性を復活しようとして、素領域を消すわけです。

その働きが隣に移ると、消そうとする働きも移る、つまりエネルギーが移る……、これを、空間の中を素粒子が動いていくというふうに、我々が見るのです。

はせくら　素粒子のぴょんぴょん、これが、整数倍で振動するという……。

保江　整数倍のエネルギーですね。

はせくら　飛び飛びに動くということですよね。

保江　自発的対称性の破れがあり、調和を復旧しようとする働きであるエネルギーは、大きさが飛び飛びなのです。連続的な大きさを持てない……、ある決まった量の整数倍の大きさのエネルギーしか生まれてこないということです。

はせくら　2個は2個のままで移るみたいな感じですか。

保江　そうそう。

はせくら　2個が4個になるとかはなくて。

保江　それもありますが、とにかく生まれるときには、ある基本的なエネルギーの大きさの整数倍しか生まれません。連続的な1．5倍などというエネルギーは生まれないのです。

2倍、3倍、4倍……は生まれます。

一度生まれてしまえば、5個生まれたもののうちの2個分のエネルギーはこっちの素領域に移り、3個分のエネルギーはそっちに移る、ということはありえます。

しかし、生まれるときは、常に整数倍なのです。

はせくら　中途半端はないのですね。それを、N個というのですか。

保江　はい。N個しか生まれません。それで、粒々だと思うのですね。

みゆきノートまとめ14 **完全調和——モナドの旅**

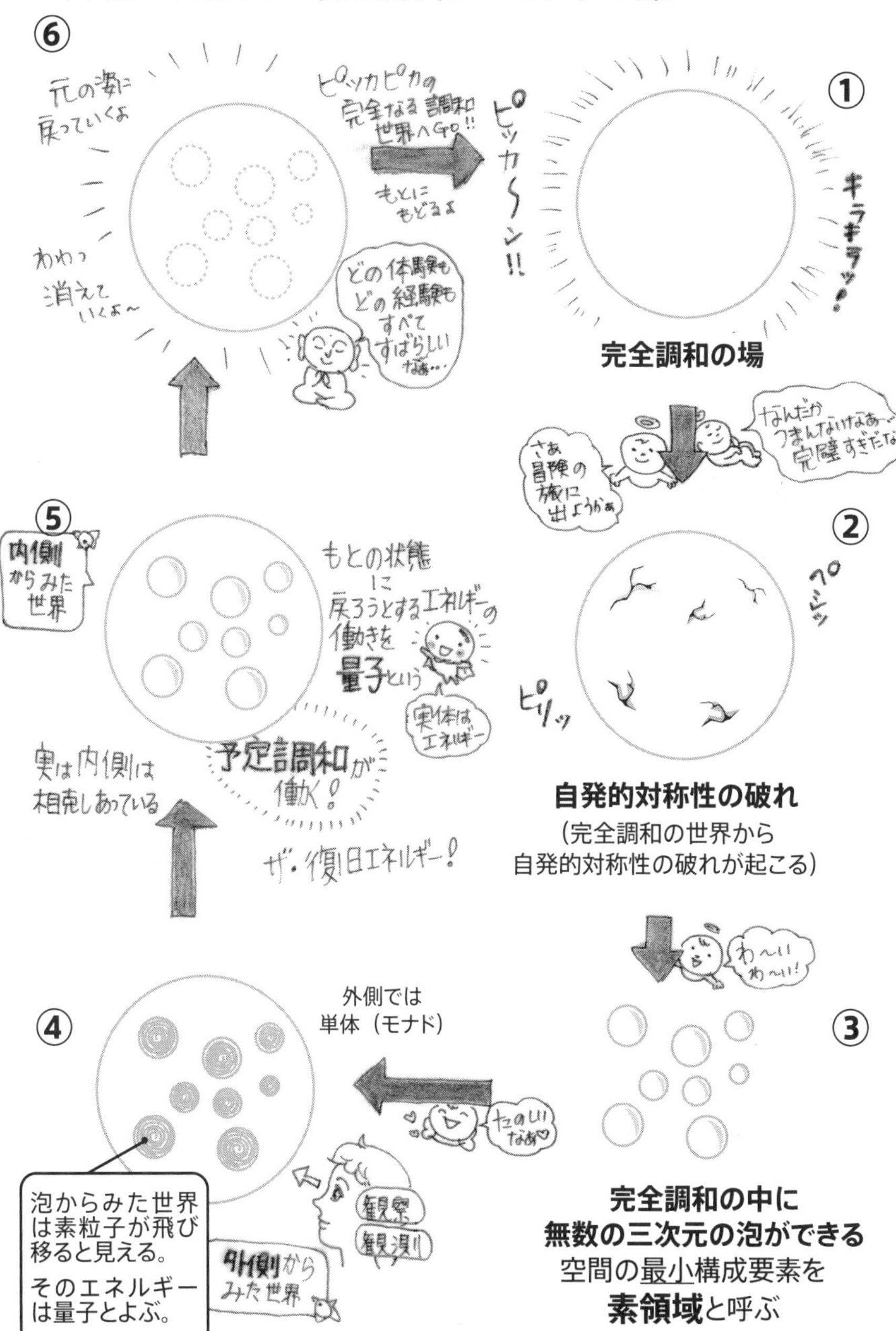

ガイアとクロノスの陰謀から、ヴィーナスは誕生した

はせくら　そういう意味なんですね。先生の『人間と「空間」をつなぐ透明ないのち』の本を読みながら浮かんでいたイメージが、ちょうどヴィーナスの誕生だったのです。アフロディーテですね。

ヴィーナスが生まれたのは、海の泡からですから。

保江　そうですね、泡です。

はせくら　その物語はもともと、かなりエグいということをご存知ですか？

保江　いえ、知りません。ぜひ物語ってください。

はせくら　まずは、ウラノスという天空をそのまま神格化した存在がいます。

保江　天の神ですか。

はせくら　はい。ウラノスの別名は、カイルスといいます。ウラノスは、大地の女神ガイアと結婚し、ガイアは子どもを12人産みます。これをティタン12族といいます。

ガイアは続けて、一つ目の巨人、キュクロプスと、手が100本、頭が50もある巨人、ヘカトンケイルという、怪物のような子たちを産みました。ウラノスは、

「気持ち悪い、こんな怪物はいらんから捨てろ」というのですが、

「私のかわいい子どもをけなすなんて、許せない」と激怒したガイアは、ティタン12族の子どもたちに、「父をやっつけてやれ」とけしかけます。

しかし、子どもたちはお父さんが怖すぎて、「絶対嫌です」と断っていたのですが、末っ子だけが、「僕がやります」といったのです。その子の名は……クロノス。

保江　クロノスですか。

はせくら　何も知らないウラノスが、細君に覆い被さるときに、側に隠れていたクロノスは、

ウラノスの局部をちょん切ります。そのちょん切られたものが海に放り投げられて、海中に落ちました。それでも、その一部は、もともとが神様のものなので死ぬことなく、長い間、海の中を漂います。

そしてあるとき、そこからぶくぶくと泡が生まれて、その泡からアフロディーテ、すなわちヴィーナスが生まれるわけです。

保江　そうだったのですね……、なかなか猟奇的な……。

はせくら　クロノスは、ウラノスの次に天を治めるのです。そしてこのクロノスと結婚した、姉のレアが産んだ子どもの一人が、オリンポスの神々の支配者といわれるゼウスです。

保江　クロノスがちょん切ったウラノスのものが海の中をずっと漂っているというのが、なまこの由来ではないでしょうか（笑）。

はせくら　興味深かったのは、最初に天を治めていたウラノスの別の呼び名が、カイルスだったことです。主観的な時間であるカイロスと、よく似ているなと思いました。

保江　カイロスとカイルス……、たしかに似ています。

はせくら　その次に治めたのが、クロノス。

保江　やはりカイルスは、カイロスではないでしょうか。

はせくら　そんな感じがしますよね。

そして、泡から生まれたヴィーナスは、美の象徴なのです。

絶世の美女でしたから、夫の他にも愛人がいろいろといるわけです。

中でも、火星の神マルスと交わって産んだ子が、何度も出てきたアモル。別の名をクピト、キューピット、エロース、アモール、アモーレ、アムルといいます。

今回の対談のために、クピトやアモルを調べていたのですが、その名の一つ、エロースで検索したらとんでもないものばかり出てきて……（笑）。

保江　でしょうね（笑）。

はせくら　エロースで調べた私がバカでした。

保江　エロース（アモル）とプシュケか。でも、このトレーの絵（本書44ページ参照）に描かれている女の子のほうは、迷惑がっているような表情じゃないですか。

はせくら　そうなんです。
神話の中で、「絶対に私の顔を見てはならない」とアモルにいわれていたので、目を伏せているのですよ。

保江　なるほど、そういうことでしたか。
きちんと、神話を元に描かれているのですね、この絵は。それで、こんな困ったちゃんの表情に。

はせくら　とってもかわいいですよね。アモルはプシュケが大好きすぎて、真剣なまなざし。でもまさかこの子の別名が、エロースだとは知らなくて。この絵の、アモル天使の髪の毛がクルクルしていて、なんだか先生に似てますね。もしかしたら先生は、現代を生きるアモール、アモーレ（愛する）かもしれませんよ。そして別名、エロース（笑）。

保江　本当だ（笑）。

はせくら　再び話を光子に戻したいのですが、ベクトル光子はスピノールの一種で、スピノール光子。スカラー光子はそれよりエネルギーが小さい、ということでしたよね。

保江　スカラー光子は、一般的な物理学では縦波(たてなみ)光子といわれています。

一方、電磁場の波は横波で、1秒間に地球を7回り半するスピードでしか動きません。縦の波、それがスカラー光子で、無限大の伝播速度を持っているのです。

はせくら 無限大なのですか。

保江 はい。ですから、瞬時にどこにでも伝わるのです。

はせくら このスカラー光子がぴょんぴょんと飛び回っているさまが、不離不可分というか、非局在性（*像観察や微小プローブを用いた分析において、局所的な情報が得られない現象）ともつながるというお話ですか。

保江 そうです。量子力学に固有の非局在性が存在する理由は、このスカラー光子がそうした役割を持っているからです。

はせくら 私が量子力学を最初に学んだときに、なにより感動した概念というのが、この非

局在性、不離不可分ということでした。

その概念がインストールされるやいなや、この世のすべてが相関し合っているとの理解にいたり、すべてが自分に思えてしまったという衝撃的な気づきがありました。

保江　そうです、そのとおりです。だから量子力学の波動関数プサイ――プシュケちゃんは不離不可分のものなのです。

一部が少しでも振動すると、すべてが振動するのです。

『Sky is the limit』――限界は無い

はせくら　私がイタリアに居住していた頃の話なのですが、日本からきた友人が、「日本語の本を読みたいでしょう」といって、1冊の本を持ってきてくれたのです。

それは、『ワンネスの扉：心に魂のスペースを開くと、宇宙がやってくる』（ジュリアン・シャムルワ　ナチュラルスピリット）という本でした。

遡(さかのぼ)りまして、1987年、私がいろいろな情報を受け取ったり、学びをさせられていた

頃に、

「他にこうしたものを受け取っている人はいるの?」と宇宙存在に聞きました。すると、

「いるよ」というのです。

どこにいるのかと聞くと、地球の各地にいるようなイメージを送ってきて、その中にフランスもあったので、なんとなく覚えてはいたのです。

「私も、いつかそういう人たちに会えますか?」と聞くと、

「うん。時が満ちたら会えるよ」と。


『ワンネスの扉』を読んだ瞬間に、著者であるジュリアン・シャムルワさんがまさしくその一人だと思ったので、彼に会いにフィレンツェからパリに行ったのです。

そして、お会いしてすぐに、1980年代後半に宇宙存在との交流があったことを話し、

「他の人にも会えると聞いたのですが、もしかしてそれはあなたですか?」と聞いたら、

「えっ」という感じでしばらくは無言でした。その後、

「実は、僕も同じ質問を彼らにしました。彼らの名はbeing。本当に会いにきてくれたのですね」というのです。

保江　そのときの出逢いが元になって、その後、はせくらさんとの共著（『波動の時代を生きる　ワンネスと宇宙意識』徳間書店）も生まれていったのですね。

彼は日本に来て対談されたのですか？

はせくら　いいえ、対談は基本、zoom で行いました。

その後、フィレンツェで再会したりしたのですが、やはり二人とも伝えたいのは、この世界というのは人間だけが闊歩する社会ではなくて、もっと大きな大きな宇宙の計画の一つとして、今、私たちがここにいるのだということなのです。

私たちは大いなるものの一部である、それに目覚めて生き始めようとしたときに、世界が変わる、ということを伝える本です。

ジュリアンと話をしていると、やはりフランス人っぽいエスプリを感じて、なんとも洒脱で言葉のセンスも美しいのです。それでジュリアンに、

「最後に、なにか好きなことわざを教えてくれますか？」と聞いたら、答えが、

「Sky is the limit」という言葉でした。

直訳すると、「空が限界」となりますが、日本語でいうと、空＝空(くう)だから、「空(くう)を無限と解釈すると、『Sky is the limit』は無限が限界、つまり限界は無いよ、ということだったんです。

私たちは、無限なる空間の海に浮かんでいるのだと。

当時モナドのことを深堀りしていた時期でもあったため、そうか、ここで保江先生のご本、『人間と「空間」をつなぐ透明ないのち』の空間につながるんだ、私たちはいつだって、空の間にいるんだと思って、深く感動していたのです。


保江　ジュリアンが『ワンネスの扉』を出したのが、何年か前だったでしょう。

たまたま知り合いが、

「こんな人がいますよ」と、本を貸してくれたのです。

こんな体験をしているフランス人がいるのかと思って面白く拝読したのですが、読んでいる最中、そんなに特別には思いませんでした。それが、本の最後のほうに……。

はせくら　多次元などを語っているところでしょうか。

保江　そうです。量子もつれの話が出てきて、イギリスの物理学者、デヴィッド・ボームについても語っていたのです。

「なんでこの人、ボームのことを知っているのかな？」と、がぜん興味が湧きました。

というのは、僕がスイスから日本に戻る少し前のことですが、

「ボームのところに、1年ぐらい行ってから日本に帰るのもいいかな」と思い立ち、ロンドンのボームに手紙を書いていたのですね。

返事がちゃんと来て、来るのは歓迎するといってくれましたが、もうそのときには、ボームはロンドン大学には研究室がなく、自宅のアパートメントで暮らしている人だったのです。

はせくら　もう、現役は退かれていたということですね。

保江　だから、僕がロンドンに行ったとしても、

「そんなにおもてなしはできないから、あなたが日本に帰ってから手紙で意見交換をする

などで十分でしょう」という返事だったのです。残念でしたが、まぁそれもいいかと思って、そのまま日本に帰りました。

帰国後にせわしなくしているうちに、やりとりするということも忘れてしまい、そのうちに、会えないままボームは亡くなりましてね。

その後、ボームの助手で、ボームといっしょに論文を出していたハイレイという人と国際会議で会ったときに、彼がわざわざ近づいてきて、

「なんであのとき、ロンドンに来なかったの？」というのです。

「だって、ボーム先生からの返事を読んだら行けなかった」と答えたら、

「ああ、手紙を額面どおりに受け取ったのか」と。

ボーム先生は、それでも来るだろうと思っていたようで。

はせくら　そうした変化球って……私も苦手かなぁ。

保江　だから僕は、そのボームのことを書いていたジュリアンにも、興味を持ったのです。

今にして思うと、やはりボームも宇宙人つながりというか、３０００人のうちの１人だったのかもしれないですね。

はせくら　物理学者となっている人は、比較的多いのではないでしょうか。

保江　多いと思います。

はせくら　ジュリアンはたしか、人類学や言語学、教育科学のプロだったと思いますよ。

保江　そうそう。もともとはブルゴーニュあたりの出身ですよね。

はせくら　ブルゴーニュのディジョン市とうかがっています。彼はマルチリンガルで数か国語を難なくあやつり、ビジネススクールやコミュニティーガーデンの運営など、才能もマルチ。かつ、性格も顔もイケメンさんです。

保江　写真を見ましたが、僕もそう思います。いい男ですね。

はせくら　ジュリアンに伝えておきます（笑）。

宇宙授業で教わったこと

はせくら　昨日、かつてbeingがやってきて「宇宙授業」を受けた、というお話を致しましたでしょう。そのときに受けたレッスンについて、少しお話ししたくなったのですが、よろしいですか？

保江　もちろん！

はせくら　その体験は、今から30年前のことですが、2年間ほど毎日、毎晩行われたのです。どうやって進められるかというと、波動言語を通して直接、内奥へと情報が届いたり、辞書を開くように、イメージのかたまりが脳裏に映されるというやり方です。

内容は多肢に渡り、そこで物理的な知識も得たのですが、とりわけ、時間をかけてレクチャーと実践練習があったのが、情報精度を見極めるレッスンでした。いわゆる審神者（さにわ）というものです。

たとえば、ある情報が与えられたとき、それをうのみにするのではなく、まずは観察すること。具体的には、その情報が存在する周波数領域やタイムライン、集合意識との関係性、位置や密度、エネルギーなどを、冷静に見極め、識別していくことの大切さを教わりました。

そこで伝えられたことは、たとえ、不可視の世界からの情報だといっても、それらの多くは、地球の大気圏内の情報であること。また、情報は受け取る場所――位置や高さ、密度や次元によっても、それぞれ異なっていること。

たとえていうなら、象とは何かを表現するとき、足までの高さしか見えない世界と、体まで見える世界、あるいは前からしか見えない世界や、ある部分だけしか見えない世界など、たしかに、そこから観えたものは真実なのだろうけれど、また違った場所から捉えると、異なる真実が現れる、ということのようです。

その意味で、絶えず彼らは、より大きな、より精妙な情報とコネクトできるよう、鍛錬せよと私を鼓舞します。

また、**「信じる限界が現れる限界である」**ときっぱり伝え、信念体系の見直しと観察を勧められました。とりわけ、今まで常識や当たり前だと捉え、疑うことさえしなかったことにこそ、疑ってかかってみると、新しい地平が開くといいます。

そして、審神者するときに使う道具は、微細なる感情、感覚、クオリア、量子が持つエネルギー情報など……それらを読み取りながら、総合的に行うということらしいです。

ただ、こうした講義は、基本、家族が就寝した後の時間で、真夜中にかかるものだったので、いつも眠たさとの戦いでもありました。面白かったんですけれどね。

保江　実に、興味深いお話です。

はせくら　ありがとうございます。

そういえば、今、思い出したのですが、この授業を受けることになる前、数年かけて、身体の中をきれいにさせられたんです。

もっとも、私自身はそんなことつゆ知らずでしたが。単に、子どもによい質のオッパイをあげたくて、厳格な玄米菜食の粗食を6年ほど続けていたのです。

彼らがいうには、情報を受け取る際の精度を高めるには、まず、体の浄化が不可欠であるというのです。

「なぜですか?」と聞くと、細胞内外に添加物や汚れなどが付着していると、受信精度が下がり、誤作動が起こりやすくなるからだそうです。また、多種多様な腸内細菌を味方につけよ、ともいっていましたよ。

保江　やはり、そういうことか。

はせくら　ですね。で、宇宙授業を受けながら、いろんな課題をこなしているうちに、いつしか自分の境目が曖昧になってくるのを感じるようになりました。

すべてがつながりの中にあり、その中の一部として、我という個が存在し、意識をランドマークとして、我と我の周りに拡大した自己が他となって現れている感覚です。

同時に、たくさんの次元、時空に、マルチに存在しながらも、今、ここにいる我として存在している感覚が強くなりました。

この体感覚を知り得たことが、一番の贈り物だったかもしれません。

そんな中、先生の書かれた『人間と「空間」をつなぐ透明ないのち』を読ませいただき、あらためて、腑に落ちたのです。ですから、本当に感謝しています。

保江　本がお役に立てて嬉しいです。

パート5　太陽フレアによって起きること

保江　昨日お話しいただいた、神話についてもう少しうかがいたいのですが、キリスト教のマリアというのは、実はローマ時代のアポロン、その前はメソポタミアのアフラマズダ、その前はエジプトのハトホルですね。

はせくら　ハトホルですか？

保江　そうです。

はせくら　ハトホルは、シュメール神話で伝えられるところのニンフルサグが原型です。ニンフルサグの出身星、ニビルは元プレアデスの一部が移住した星です。母はアルクトゥルス出身。そのエネルギーと元プレアデスのニビルの血、そしてシリウスの叡智も混じり合いながら生まれた意識体が、ハトホルと呼ばれたようですよ。

保江　やっぱりね。

はせくら　アダムとイブの神話の、最初のアダムというのはもともとはアダマ（＊旧約聖書に、神はアダム〈人間〉をアダマ〈土〉の塵から造ったとある）です。

エンキ（＊メソポタミア神話の神。世界の創造者であり、知識および魔法を司る神とされる）のＤＮＡと、当時の地球のホモエレクトスの猿人と呼ばれている生物の卵子とで、遺伝子操作をされて生まれたようです。

ただ、この受精卵をどこで育てるかが問題だったのです。何が生まれるかわからないわけですから、みんなが怖がってしまって。

けれども、当時のニンフルサグが、「私は科学者ですので、私のお腹を貸します」といって、面倒をみることにしました。

そうして生まれた最初の人間になったということで、ニンフルサグが女神意識の元型として人々の心の奥に根付くようになったとのこと。そこから、今ある世界が広がったという話を聞いています。

保江　中近東からローマ帝国に行き、キリスト教の初期にはマリア信仰はなかったのにそのうち発展していきましたが、マリアはハトホルであり、かつ、弥勒です。

はせくら　弥勒、なのですね。

保江　だからもう、出口なおも、出口王仁三郎も予見していたその弥勒の世に……。

はせくら　國は常立つ弥勒の世ですね。

保江　そう、いよいよなるのです。

はせくら　胸がじんじんしてきます。となると、人類の真の歴史や宇宙とのかかわりについても、どんどんつまびらかになっていく時代がやってきているということですね。

私が内奥で知覚している情報としては、人類の始まりは、宇宙由来のものと地球由来のものが混じり合って完成したと捉えています。

当初は、原始的労働者としての役割で創造されたのですが、あるときから知恵を持ち、文明化することを許されたのです。その創造と発展のプロセスにかかわったのが、ニンフルサグやエンキ、エンリルといった宇宙存在たち。彼らは**人類の親としての役割を果たしながら、管理しつつ、進化を見守ってきた**のですね。

そうした今、**そしていよいよ人類も自立のときが来たので、彼らは親役を卒業し、彼らも、そして人類も、新しいフェーズへと移行しつつあります。**

その移行をスムーズにさせる手段として、長らく放置されたスリープモードののスイッチを解除することで、新しい世界で生き始め、次なる時空へと導かれていくのだと思います。

保江　まさに、それなのです。

3000人というのは一つのメタファーかもしれないですが、その3000人を助ける方法というのが、単純ではないのです。

チップを埋めているためにすぐに見つけられはするのですが、単に連れて帰るというのでは意味がないのです。

はせくら　違うんですよね。

保江　その人たちに思い出させて、はっきりと自覚させないと。自覚させることができれば、勝手に次に行けるのです。

はせくら　自ずと道が示されていくのですね。

保江　自覚して、すぐにあちらとつながって、いつでもこの次元、この世界から消えられるようにならないと、僕も足かせがあるままなので行けないのです。

それで必死で、

「今やらないと！　今でしょう！」と。

もはや、ラストチャンスなのかもしれません。

はせくら　ラストチャンス。ある局面から見ると、本当にそうかもしれません。同時に、今までのタイムライン、歴史の中で、最も可能性が高い時空の中で、私たちは存在できているのだともいえます。

これからますます情報も開示されるでしょうし、テクノロジーも進化してきています。また、全世界がインターネットでつながることができたので、今度は、自身の内側を通して世界とつながる、インナーネットを各自で接続していく段階がきているのだと感じます。

その際に使うのは、霊なる光、スピリットを通してつながる、光の通信網です。自らの存在の本質、光、「is be」としてのネットワークを通して、この感覚を体感することで、自動的に行けてしまうのではないでしょうか。

保江　それがモナドですね。完全調和の網、ネットワークです。

はせくら　やはり自発的に、インナーネットと接続して、つながり合うということが大切になってきますね。ただ、それほど悠長には待っていられないように思います。

保江　そう、時間があまりないのですよ。

はせくら　チョウの一生を追いながら、腑に落ちたことがありまして。

それは、イマジナル・セルの中でも、中には動けなくなっちゃう子もいたり、勇気が足りないのかなという子もいるのです。

そのセルさんたちは、やはりイモムシ細胞といっしょに、スープになってしまいます。つまり、**自発的に動かないと先に進まない**のです。

保江　自発的にやる、そこが難しいのですね。強制的ではダメで、自発的に動くべく、眠りから覚めてもらわないといけませんから。

はせくら　自発的に目覚めてもらうには、どうしたらいいと思いますか?

保江　それこそ、自発的対称性の破れのように、なんらかのきっかけ、たとえば、柏手(かしわで)が必要なのです。

自発的対称性の破れを一番わかりやすく説明できるのが、過冷却の現象です。

冬、寒くて風もない静かな明け方に、水温がマイナス10℃ぐらいになっていても、池が凍っていないことがあります。そこに、誰かが柏手をパンと打つ……、すると、音が空気振動という刺激をぶわっと誘発して、過冷却で一瞬で凍るのです。

それが、実は自発的対称性の破れの現象なのですよ。

はせくら　そうなのですね。見たことがありません。

保江　それといっしょで、みんなに自発的に気づいてもらうには、柏手がいるのでしょう。

つまり、なんらかのショックでしょうか。

柏手のポンという音は、モナド中を瞬時に、スカラー光子として広がるもの……、念というか思いなのですが、その思いが強ければ強いほどいいのです。

はせくら　なるほど。

保江　誰か一人の一つのモナド、「is be」でもいいのですが、その思いが強ければいいのです。
ですから、はせくらさんの思いが強ければ強いほど、みんなが目覚めるのです。

はせくら　うーん、私は天然ボケなので、やはり先生にお任せしたいです。

保江　ひょっとするとプーチンは、その意味でウクライナに侵攻して、核兵器も使うぞとかいっているのでしょうか。あれは、柏手になりえるぐらい強いですからね。

日本は、原爆投下や3・11など、叩かれ続けても、他の国々に比べるときちんとやっていますからね。

荒療治ではないですが、お建て替えには柏手が激しいほうがいいのですよ。

ウクライナ侵攻もそうですが、人類の過去においても戦争ばかりでしたよね。

はせくら　そうですよね。

保江　もう戦争をしない世の中を作るために国際連盟を創り、それでも失敗して国際連合を創り、それも失敗して戦争を続ける……、でもこれも、必要なのかなと思いますよね。

はせくら　宇宙としては、核は使わせたくないような気がします。影響が大きすぎるからでしょう。核は、宇宙の均衡バランスに影響を与えてしまいます。

今の私たち、現人類の低い意識のままでいるのは嫌ですが、だからといってその終焉を核で終わらせるには、火遊びがすぎる気がするのです。

保江　そうですね。

はせくら　一言でいったら、「意識を上げろ」ということでしょうか。本当に高次の意識と共振すれば、別にお建て替えもいらないわけです。

しかし、眠りが深すぎて、何をやっても暖簾（のれん）に腕押し状態ということですと、ありかもしれませんね。

保江　ありなのです。３０００人の眠れる人たちを目覚めさせるだけなら、核兵器を使おうがなにをしようが、インパクトがあればあるほど影響が大きいですから、それでいいのです。

地球をオシャカにして、この次元の世界はもう捨てて、３０００人全員でラッパを鳴らしながら、

「シリウスBに戻るぞー！」と凱旋すればすむのです。

……しかし、それではやはり、やりすぎですよね。

では、その眠れるスイッチを、しかも一律全員のスイッチをオンにする方法とは何があるのだろうなと、実は考えていまして……。

太陽フレアによって起きること――この星は、太陽神界の子ども

はせくら　それって……たとえば、太陽フレアとか!?

保江　そのために来るの？

はせくら　はい、先生！　どうでしょうか。

保江　そうですね。もうじきでしょうね、来るとしたら。
そのほうがまだ後々、この地球次元を活用できますよね。

はせくら　それで、そのときの状況によっては、ポールシフトということもありますかね？

保江　ありえますね。でもそれはあくまで、「is be」側が用意してくれるやり方になるでしょう。

はせくら　それがたぶん、重い想念体が残りづらい方法ではないでしょうか。
戦争だと、結局また幽界ができることになるでしょう？　そのシステムがもう、いいんじゃないかな。

保江　ではやはり、プーチンが核兵器を使う前にフレアが来ないとダメですよね。だったら、時は近いですよ。

たしかに、調和を守る一番いい解決法だと思います。

はせくら　それが起きれば、眠っていたＤＮＡが呼び覚まされますから、ものすごい触媒になるわけでしょう。突然、雷に打たれたなんてことの比ではないくらいの激しさで。

うーん……確かにこの星、地球は、太陽母さんの子どものようなものですからね。

保江　そうですね。アマテラスが怒ったようなものですね。

今度は岩戸隠れじゃなくて、むしろ逆ですね。

はせくら　隠れるどころか、大いにお出ましです。どう思われますか？

保江　ものすごく腑に落ちました。

それがもし発動するとしたら、絶対に核兵器を使う前ですから、もう時期です。

いや、でも一番いいと思います。

太陽フレアがきたら、電気が使えなくなるのでコンピューターなどもすべてアウトです。近代文明に発展したいろいろなものが、たちどころにパンクして、データも消え去ります。昔のアナログ電話などはまだ生き残るでしょうが、このデジタル世界のものは全部やられますね。

はせくら　かなり大変かもしれませんね。物理的な身体への影響も含めて。

保江　そうですね。

はせくら　とはいえ、その影響は人によってかなり差が出る気がします。心と身体を丈夫にし、意識を広げて、目覚め……。

保江　思い出す……。たしかに、とても納得できます。最近も、何人かから太陽フレアがもうじ起きると聞いていたものですから。

はせくら　そうなのですか。

保江　既に観測データがあり、もう近いぞと。

はせくら　サイクル25（＊太陽は黒点の増減などを繰り返しながら約11年の周期で活動している。現在の周期はサイクル25で、２０２５年7月頃にピークを迎えるといわれている）とかの話ではないところで、ですか？

保江　そういう話ではなく、ＮＡＳＡや、全世界の宇宙観測所から、まもなく太陽フレアのすごいもの、ジャイアントフレアが来るという報告があるそうです。

はせくら　Ｘクラスのフレアなのですね。

保江　はい。「その準備をしなくては」とか、「地下深くにもぐらなくてはいけない」とかいう話が飛び交っているのです。

実は、つい最近に相談も受けまして、そのとき僕は、「以前から、来るぞという情報もあったけれども、なかなか来ないじゃない。そんなこといちいち心配してもしょうがない。気にしないほうがいいよ」といっていたところだったのです。

でも、今の話を聞いて、「これは来る」と。プーチンが苦し紛れに核爆弾のスイッチを押す前になりますね。

はせくら　対防衛ミサイルのように、太陽フレアを先にするでしょう。

保江　まもなく起きて当たり前というデータが来ているから、これはもうじきですね。

少なくとも、これでプーチンは史上最低の極悪人にならずにすむでしょう。

でも、一番いいですよ、これが。

はせくら　誰も悪者にしなくてすみますし、かつ、普通だったらいろいろ残るじゃないですか。

保江　遺恨などを残しますよね。

はせくら　これを利用して、人類意識が飛躍するチャンスとする、とか？

保江　そう、チャンスです。この地球次元を、これ以上醜いものにしないで、スイッチがオンになったみんなを連れて帰れる、一番楽な方法なのです。

ハリウッドのSF映画さながらに、アメリカやロシアや中国が協働してロケットを打ち上げてなんとかしようという動きになるかもしれません。

これまでも映画では、巨大な隕石や小惑星の激突を回避するために、各国がまとまって対策する、というものがありましたよね。

はせくら　そうですね。先生が考えるに、もし、本当にあるのだとしたら、フレアのレベルはどのくらいだと思われますか？

保江　これまでの地球が経験したことのないレベルですね。

はせくら　先生は、この巨大フレアが来たとき、対処したらいいと思われますか？

保江　僕も今、それをいおうと思っていました。

「汝、明日のことを憂うなかれ」

キリストの言葉は、ここでも役に立ちますね。恐れをなして、どう準備しようとか考える人は、きっと何をしても混乱に巻き込まれてダメになる人です。つまり、消える人ですね。

一方で、スイッチが入って思い出して、ああそうだったんだと自発的に気づける人は、フレアがあと10分後に地球に到達すると聞いたとしても、動じない人たちです。

現状、何も意識をせずに普通の社会人として生きていても、気づく人は気づきます。

普通に暮らしている……、掃除をし、料理をし、当たり前に子育てをしている人たちです。

はせくらさんに、普通に子育てさせながら勉強をさせた、「is be」の気持ちを思い出したら、そういうことなのです。

はせくらさんを、どこかのアカデミズムに籠もらせて研究させて、子育てもしなくていいような環境下に置くのではダメだったのです。お子さん3人のたいへんな子育てがあり、特別でなく一般的な家庭を持っていてこそ、ということだったのですね。

その一生懸命な中での、そうした訓練が必要だったのです。

はせくら　一つの人類の型としての、暮らしが必要だったわけですね。

保江　そうです。

はせくら　他にも、いろいろなことがあったのですが、ただ、目の前のことをやりこなすのに必死で、周りを気にかける余裕がなかったのです。

するど、いつのまにか課題とされているフェーズが終了していた、という感じです。

保江　スイッチが入って気がつくことができる３００人の人たちは、太陽フレアが来るとしても、目の前のことに専念しているので、そこまで気にならないのです。
没頭することがある人たちは平気なのですが、そうでない人たちは、非常に焦ることになります。
「どこかに逃げなくてはいけない」と、北極やら南極やらに逃げようとあたふたするでしょうが、焦りの感情がネックとなるので逃れられないのです。

はせくら　そうした「振り分け」方ですか⁉　ある意味、機会均等で平等に？

保江　極めて平等です。

はせくら　それでいて、自由意志がものすごく発動する世界です。
その人の真価が問われるのですから。個々の真価、進化がそのまま問われる世界ですか……。

保江　しかもフレアについては手は打てないし。今、いつ起きても不思議ではない……。

はせくら　江戸時代の良寛和尚がいう、

「死ぬる時節には、死ぬがよく候」の境地でしょうか。

この元になっている言葉は、

「災難にあう時節には、災難にてあうがよく候。死ぬる時節には、死ぬがよく候。是はこれ、災難をのがるる妙法にて候」ということだったのですが、実はこの言葉、良寛さんが地震に見舞われた人に送ったお見舞いの言葉だったそうです。

保江　なるほどね。

はせくら　その気概をもって、今この一瞬を生きるとなったら、おそらくいつもと同じ日々の常を、心を込めて続けられると思います。

保江　そうですね。今、この一瞬の中今に、心を込めることはとても大事です。

すべてが心の事象――「無明ではなく、光明の中で生きなさい」

はせくら　ここで、再び、華厳の世界にからめて、お話ができたらと思います。

華厳の世界観の中で唯心偈という、「すべては心から始まる」というお釈迦様の唯心論的な考え方があるのですが、心は諸々の如来を作るというそうなのです。

唯心偈の六十華厳に、

「心のごとく仏もまた然り。仏のごとく衆生も然り。心と仏と及び衆生とのこの三つに差別なし」と、お悟りを解かれています。

すなわち、「この世界にはただ心のみ。心しかない」と喝破しているのですね。

心性本浄説では、心はもともと清らかであるといっています。神道の陽から始まっていく高天原からみんなは来たんだよ、ということにも重なります。

この清らかな状態から離れたものを無明と呼び、無明・行・識・名色・六処・触・受・愛・取・有・生・老死という十二因縁となるようです。

すべてが心の事象ですから、そうしたものを越えて、

「無明ではなく、光明の中で生きなさい」ということになるのですね。

ですから今、３０００人も含めた私たちは、この無明のどこかの位相に位置していると思うのです。

それを、大日如来でしょうか、陽の光の化身に強いショックを与えられることによって、無明から光明の世界にいくという、こんな捉え方もあるのかなと思いました。

保江　まさに、太陽フレアですね。大日如来、太陽からの強いショックとしてのフレア。

はせくら　はい。これもまた違う仏の呼び方ですが、阿弥陀如来といいますけれども、調べてみて面白かったのが、「あみだくじ」の「あみだ」はその「阿弥陀」なのだそうです。

保江　そうなのですか。

はせくら　あみだくじを思い浮かべてみてください。縦横の線でつながっていますよね。

かつての農村で、どこから田んぼに水を引くかなど、寄り合いでなかなか決まらないとき、「阿弥陀様の思し召し」ということで、あみだくじができたということも知りました。

そんなあみだくじの結果は、阿弥陀様の思し召しだから、みんなが従って喧嘩にならないですみます。

ということは、阿弥陀本体から出ている光明は、あみだくじですよね。

逆に、あみだくじとして分かれてくる元の場所が見えていたら、どこから行っても当たりくじにすることができるよなぁと思ったのです。

保江　それはそうですね。

はせくら　今、ここに至る物語を一人ひとりが生きているような気がしてきました。

保江　華厳経にそんなふうにあったのかと、感動をもって聞いていました。

はせくら　華厳は唯心思想的で、すべての存在というのは、心の顕現、現れであるというこ

みゆきノートまとめ 15

仏教の唯心論は、
存在論や認識論としての唯心ではない

唯心偈（ゆいしんげ） … 唯（ただ）心（こころ）のみ

心は諸々（もろもろ）の如来を造る

「六十華厳」
夜摩天宮菩薩説偈品「唯心偈」

心の如く仏もまたしかり
仏の如く衆生もしかり
心と仏と及び衆生との是の三に差別なし

人間存在の観察の結果会得したもの
仏教は心の探究

「心性本浄説」 古くからあった
心はもともと清らかである

唯心思想が仏教となった

無明について

無明とは・・・無知。真理に暗いことをさす仏教用語。無明は十二因縁によって輪となる。その最初となるのが「無明」ということ

十二因縁とはどんなこと?

①無明…無知。煩悩の根本　→　②行･･･潜在的形成力、業（ごう）　→　③識…識別作用。好き嫌い・選別・差別のもと　→　④名色　肉体と心。物質的現象世界　→　⑤六処…眼耳鼻舌身意のこと　→　⑥触　六つの感覚器官に、個々の感受対象が触れる　→　⑦受…感受作用。六処。触による感受。→⑧愛…渇愛・妄執　→　⑨取…執着　→　⑩有…存在・生存　→　⑪生…生まれること　→　⑫老死…老いと死

お釈迦様はこのサイクルの逆観をすることで煩悩を消滅させることを説いたよ。

すべて心の上の事象

心の持ち方を変えることによって人生がかわりますよ

とが、胸に沁みます。

保江　今、語ってくださった華厳のお話は、お釈迦様が語っていたものです。深く理解できました。

昨夜、僕はいろいろと片付けてから、疲れたのでもうお風呂は入らないで寝ようと思っていました。ただリラックスして、テレビもつけたまま、電気もつけたままで、しばらくベッドの上に横になっていたのです。

目をつぶっていたのですが、ふっと気がついたら部屋の天井が見えるのです。こういったことは寝入る寸前にたまに起こります。

そこには、色の浅黒い、長めの髪の毛を縛っている男性がいました。

肌がワニのようにぶつぶつとしていましたが、顔はそうした獣のようではなく、目は非常に優しいのです。その人が口を動かして何か語っているのですが、声はいっさい聞こえませんでした。

しかし、目が生き生きとして、何かを延々と語っているのでもっと意識を集中すると、斜め前の方向からも、彼の姿が見えました。なかなかの出で立ちとお顔立ちで、「誰だろうな」と思って目を開けてみると、やはり見えていたのです。

そんなことは初めてでした。僕の寝ているすぐそばに、すごくリアルに立っていたのです。

そして、相変わらず延々と話をしているのですが、その向こうにも何人かの人がいました。

しかし、彼以外の人には、あまりピントが合わないのです。

彼だけはとてもはっきり見えていて、本当に爛々（らんらん）とした目で語り続けているのですよ。

そのリアルさは、手を出したら触れられそうな感じでした。ただ、リアルではないのは明らかでしたから本当に触れようとすることはなく、じっと見ていました。

しばらくすると、何かを話し終わったタイミングで、ふっといなくなりました。

「あれはいったい、なんだったんだろう」と、昨日からずっと思っていたのです。

昨夜はそれから、普段どおりにパジャマに着替えて電気を消して寝て、今朝起きて今までずっと不思議な気持ちでいたのですが、はせくらさんが華厳の話をしてくださったときに、はっきりとわかったのです。
「あの人はお釈迦様で、同じお釈迦様が今、華厳について語ってくれているんだ」と。

はせくら その方は、「ガウタマ（釈迦の本名。ゴータマとも云う）」とずっとおっしゃっていました。おそらくそうでしょう。今、先生のお話を伺いながら、ずっと心の奥である意識を感じていて、「ガウタマです」というのを受け取っていました。

保江 やっぱり、ガウタマだったのですね。

はせくら ええ、きっと。そして「私が見ている世界がこれです」と、おっしゃっているのを感じました。
それが、華厳の世界だったということなのですね。

保江 まさに、華厳という漢字が表す世界ですね。

はせくら　この世界をいつも見ているのだと。

保江　昨夜、パクパクと口を動かして話していたのは、華厳についてだったのですね。
はせくらさんが華厳の話を始められたとき、昨夜に現れた人と目が同じでした。

はせくら　え？　私の目が、ですか？

保江　同じ目でしたから、それで気づいたのです。

はせくら　びっくりです。ではここで、お調子に乗ってまた、華厳の世界を。
華厳の言葉の中に、新毛無法、満目青山(まんがんせいざん)……と続くものがあって感動したので書き写したんですね。その言葉の意味ですが、新毛無法はそのまま、「ここの他には何もない」という主体的な世界を指しているようです。
また、満目青山は心いっぱいに青空が広がる、ということで、すなわち、心以外に世界はないんだといっているお釈迦様の例えなのだそうです。

これって量子モナド理論のことをいっているんじゃないのかな？　と思ったのですね。

保江　なるほど。

はせくら　お釈迦様いわく、**地水火風、この四大元素を変換させて、さまざまなものが表されているんだよ、**ということを華厳で説いているそうです。

保江　以前にも、同じような現象がありました。

そのときはキリストだったのですが、お顔がかなり近くまで来たのです。睨み合うようなかたちになっていたのですが、そのときは目を開けたら消えました。

でも、昨日のお釈迦様は、目を開けても実体で見えたのですね。

普通、そんなものが見えたら、畏怖感や恐怖感があるはずなのですが、いっさいありませんでした。むしろ、誇らしいというか、「ああ、よかった」と思えたのです。

はせくら　驚きの体験をされたのですね。

保江　本当につい昨日の話ですから、驚きましたよ。

それではせくらさんが今、そのときのお釈迦様の目をして語っておられたから、あのとき口パクで話していたのはこれだったのだと合点がいったわけです。

いやー、すごいです。陽の光の化身に強いショックを与えられることで、無明から光明の世界に行くということでしたね。

本当に太陽フレアが来るのでしょう。

はせくら　そういうことかぁ……。

『火の鳥』のラストシーンは、地球の未来のメタファーだった⁉

保江　手塚治虫の、『火の鳥』という作品があるでしょう。その中の「未来編」は、「あらかじめ描かれた最終章」ということになっています。

その最終章の最後が強烈で、僕は今も覚えているのですが、そこは、人類が消えてナメクジの世界になっているのです。ナメクジ同士で縄張り争いをしていて、こっちのナメクジがガスを使って新しい移動手段を見つけたり、こっちのナメクジが爆弾のようなものを作って他のナメクジを殺していたり……、湿地帯で覇権争いをしている光景が見えるのです。

本当に、アメリカとソ連の冷戦とか、そうした世界情勢を嘲笑うように、ナメクジに置き換えた世界で表現していたのですよ。

浅い水たまりの中のナメクジも、互いに争っていました。まもなく集団での戦争になり、たいへんな状況だとかいっているうちに、急に太陽が出てきて、そこを明るく照らすのです。すると、水たまりの水が蒸発して消えてしまい、ナメクジは干からびて全滅してしまう……、そんな結末でした。

はせくら　『火の鳥』のラストは、そういうシーンなのですね。

保江　スサノオなどの神々が出てきたり、いろいろな時代を描いています。でも、そのラストシーンが……、まるで太陽フレアのようです。

はせくら　私がさきほど、「はい、先生！」といったとき、すごく嬉しそうに、生き生きとした顔をしていませんでしたか？

保江　そうでしたね。

はせくら　ラストシーンの太陽さんも、そんな顔をしていませんでしたか？

保江　まさしく、そうです。太陽を擬人的に描いているのですが、ルンルンという感じですね。「お前たちはなにをしている。俺は俺の都合で栓を抜くぞ、ポン」という感じでしたね。

はせくら　そうそう。にべもなく「ペッ」という感じですよね。

保江　そうです。「なんだ、ナメクジが死んでら」というような、それだけですね。

はせくら　ですよね。さきほどは表の感情には起伏がなかったのですが、私自身、つまりみゆきの感情としては、「なんでこんなに嬉しそうに、『はい、先生!』とかいっているんだろう、おかしいな」と思っていたのです。
大いなる美と秩序の中での正しいあり方というのでしょうか……、あえて言葉にすると、その流れに沿っていくような歓びを感じていました。
ただただ、秩序が秩序として機能しているという歓び、美は美としてある歓びが、パッと表面に出てきたのです。

保江 ナメクジ同士、人間同士の茶番は、彼らが生きている基盤が崩れた瞬間に終わり、調和が戻るのですね。

はせくら 以前、私は宝塚に住んでいました。たまたまそこに住むことになったのですが、夢でベレー帽をかぶったおじさまが出てきて「宝塚でお待ちしていますよ」とおっしゃって。

保江 そうだ、手塚さんは宝塚生まれですよね。

はせくら　するとまもなく引っ越しとなり、仕事の関係で引っ越した先が、偶然、宝塚だったんです。あ、このことをいっていたんだなと思い、引っ越し後すぐに、宝塚にある「手塚治虫記念館」にご挨拶しにいったら、玄関先で火の鳥のオブジェがドーンと迎えてくれました。

そして中に入って、原画やグッズなどを観た後で、奥にある、無料で読める漫画コーナーに立ち寄ったのです。

そこに、ひときわ光っていると感じる棚があって、それが『火の鳥』でした。立ち読みしようと思ったのですが、気がついたら座り込んで、夢中になって読んだ記憶がよみがえりました。そういえば、他にも手塚作品には、『ブッダ』なんかもありましたよね。

保江　そうです。ブッダも描いています。

はせくら　手塚さんも、完全にイマジナル・セルとして行動されて、戻られた方だったのですね。

保江　そうですね。

はせくら　お釈迦様は常に、完全調和の世界を表現し続けておられたので、昨日の先生のお話に喜ばれて、そばにいらしたのかもしれませんね。

保江先生が目にしたときは、ちょっと修行がいきすぎてお肌が荒れていたのかも⁉

保江　いや、本当に嬉しそうで、目が優しくてシャキッとしていました。

超リアルで、かつ実体があったのです。

はせくら　実体があるとは……濃厚ですね。めったに起こることではないですね。

保江　僕も初めてでした。目を開けても在る、なんて。

はせくら　リアルですねー。

保江　お釈迦様もすごいお方ですよね。隠遁者のエスタニスラウ神父様ですら、華厳経を渡してくださったのですから。

はせくら　そうでしたね。

保江　この宇宙の理を知りたいのなら、これを読むしかないと。

数学者岡潔博士と山本空外和尚とオッペンハイマー

はせくら　私も、なぜ華厳経の本ばかり読み漁ったのか、自分でもよくわからないのですが……。

　この華厳の次はなぜか、岡潔（＊数学者・理学博士）先生の、**「空間は愛の充満界だ」**にハマってしまったんですね。

保江　やはり岡潔ですか。

岡潔先生は、実は山本空外（くうがい）和尚の思想を学ばれていました。空外和尚は、中世神秘主義哲学を東京大学で学び、広島文理科大学の教授になられたのですが、昭和20年に、広島海田市の日本製鋼に大学派遣隊長として動員されていた最中に、被爆されたのです。

はせくら　そうなのですね。

保江　建物の中にいらしたので九死に一生を得ましたが、多くの同僚や教え子が亡くなったそうです。

また、その焼け野原におおぜいの人が倒れているのを見て、哲学をやっている場合ではないと天啓を受けて、お坊さんになられました。

宗派は浄土宗でしたが、単なる浄土宗では納得がいかないところがあったのでしょう。ちょうどその頃に、浄土宗の僧侶が主になって作った、光明派に帰依するのです。

その光明派というのが、さきほどのハトホルから発祥した拝火教や、弥勒信仰の流れをくんでいるのです。

はせくら　なるほど。弥勒様なのですね。

保江　空外和尚がその光明派の活動をしているところに、岡潔先生が学びに行くのです。そこで、岡潔先生は、

「この空間は、愛の充満界だ」というようにいたるのですね。

その岡潔先生が旧制三高で教えていたときに、湯川秀樹先生と朝永振一郎（＊物理学者。量子電磁力学の発展に寄与した功績によってノーベル物理学賞を受賞）先生が生徒としていらしたのです。

はせくら　岡先生の生徒だったのですね。

保江　はい。今でいう京大の教養部ですね。

岡潔先生は若い頃、そこで数学の教師をなさっていました。

朝永先生は数学でも大秀才で、湯川先生は次点といった感じだったそうなのですが、岡潔先生は湯川先生のほうに、能力を見出したのですね。湯川先生に声をかけて、空外和尚の下

に連れていったのです。

湯川秀樹先生も空外和尚の思想を気に入って、岡潔先生といっしょに空外和尚のお寺に通うようになります。

その頃、空外和尚は、鳥取県雲南市のお寺に庵を構えていらっしゃいました。そのお寺跡には現在、山本空外記念館ができています。

そこに、岡潔先生と湯川先生は頻繁に通っていたのです。

山本空外和尚の思想を学び、岡潔先生は「この世界は愛の充満界だ」といい、湯川秀樹先生は「この空間は素領域の集まりだ」といいました。

ですから、このモナド、「is be」は、もともとは空外和尚の思想なのです。

はせくら　モナドであり、大御空であり、神であり、神意であり、情緒であるという……。

保江　空外和尚のお墓は、京都の知恩院にあります。とても背の高い自然石でお墓が作られているのです。湯川先生は、自分の墓は空外和尚の墓の裏に置いてくれと遺言されましたが、それは実現しています。

ですから、僕は年に1、2回ほど、京都で時間があるときに、湯川先生のお墓参りに行っているのです。

近くにものすごく背の高い自然石のお墓があって、そこにはお経の一節が書かれているのです。そして、右下に小さく、空外と彫られています。

空外和尚と湯川先生のお墓参りに行っても、知恩院では、場所を教えてくれません。重要な人のお墓だからでしょうが、教えてもらっていなくても、僕にはなぜかわかりました。

初めて参ったときにはお花を供えたのですが、以来、そこに行くと、風もないのに卒塔婆（そとば）がバタバタと鳴るので、「湯川先生が喜んでくださっているのだな」と思います。

空外和尚は東大出ですから、今でも東大では、空外和尚が祀られています。

そして、東京の本郷三丁目駅から東大に向かう間に、東京大学仏教青年会館という古くて小さいビルがあり、たまたま僕が通りかかったときに、山本空外展というのを開催していたのです。

入ってみると、空外和尚の写真や書き残した御手跡などが並べられていました。その中に、岡潔先生が空外和尚に差し上げたものも飾られていたのです。

湯川先生がノーベル賞をとられて、アメリカのプリンストン大学に招かれて行ったときに、空外和尚に書いたお手紙も飾ってあって、「うわ、すごいな」と思いました。

驚いたのが、岡潔先生の書です。普通でしたら、座右の銘とかを書くでしょう?

はせくら　なんて書いてあったのですか?

保江　自分の名前だけ書いてあったのです。

はせくら　岡潔と?

保江　いいえ、「岡」と紙面の右下に小さく一文字。他に何もなかったのです。

これは面白いなぁと……、やっぱり、岡潔先生はすごいなと思いましたね。

それから、空外和尚の書もありました。それがまたすごいのですが、左から右に横書きで長く、漢字で「一二三四三二一」と、それしか書いていないのです。普通なら一二三四五六……とか、一二三∞（無限大）とか発展的に書くところですが、一二三四三二一と、数が戻るのですね。

記念館の説明文には、**「仏道修行の降り途と昇り途」**とありました。

はせくら　でもまさしくこれって、完全調和の場から自発的対称性の破れがあって、また戻ろうとする素粒子の働きが表されていますよね。

保江　第二の主張、そうですね。

はせくら　老子では、「一は二を生み、二は三を生み、三は万物を生む」となりますよね。万物を生み終わった後に、衰退消滅してまた一に戻るという、それに通じるものがあります。この完全調和の場から自発的対称性の破れという一連の流れを、数字で表すとそうなりますね。

保江　本当ですね。

はせくら　この流れもすべて、同時同刻の中今である……。先ほどの太陽フレアの話のように、この瞬間瞬間のあるがままの当たり前を、ただ淡々と今を生きている中にあるこの流れすべてを、完全、十全に質高く、ただ包み込んでくれている……。

保江　そういうことです。

はせくら　だから、慌てるなということでしょうか。

保江　そうですね。田舎の家の縁側で日向ぼっこしているおばあちゃんの姿、それがすべてです。もう、それでいいのですよ。

湯川先生は、ノーベル賞をとってプリンストン大学高等研究所に招かれたときに、ロバート・オッペンハイマー（*アメリカの理論物理学者）に会っています。湯川先生を招いてくれたのが、オッペンハイマーだったのですね。

そのとき、湯川先生はオッペンハイマーに山本空外の思想を語りました。

すると、原爆の父と呼ばれるオッペンハイマーが、空外和尚に会いたいといいだしたのです。湯川先生が、

「紹介するからいっしょに行きましょう」と誘い、オッペンハイマーは第二次世界大戦終戦直後の日本に来たのです。


そして、空外和尚の下に連れていったところ、ぜひ弟子になりたいと申し出たそうです。

空外和尚は、

「気持ちはありがたいですが、あなたはアメリカ人です。名前からしておそらく、ドイツ系アメリカ人でしょう。私の思想、つまり光明派の光明思想、弥勒思想についての理解は、まず無理です。近似的な理解は可能かもしれませんが、この思想には、言葉による理解を超えるものがあるのです」と断ったのですね。

「それよりも、あなたは物理学者としての名声と地位と力を使って、終戦後のこの世の中で、みんなが幸せに暮らせる、平和な世界を実現するための努力をしなさい」といって、帰っ

てもらったそうです。
空外和尚は、ご自身が原爆の被害を被っていたのに、心を込めて対応されたのですね。

はせくら　被爆した人と、原爆を作った人ですものね。原爆がどれだけ悲惨だったのかを、ご自身で体験されているのに。

保江　なのに恨み言は一つもいわないで、「あなたの気持ちは嬉しい」と。
「ただ、理解には日本人固有の情緒が必要なので、あなたにはあなたの役割を全うしてほしい」といって、穏やかに理解してもらったのです。

はせくら　人類の始まりからずっと続いてきた、とこしえの命の流れがあります。
光明という思想のルーツも、この東の果ての日本で濃縮、凝縮されて、また再生していく……、それに今、感動しています。
30万年もの物語なのですよ。

保江　そのために、空外和尚は広島で被爆しました。

はせくら「かたじけなさに なみだこぼるる」思いがしますね。

保江　空外和尚の弟子になった湯川先生がノーベル賞をとり、アメリカで出会った原発の開発責任者であるオッペンハイマーが、光明思想に感動して日本に渡ってきたという……。

はせくら　素晴らしい物語ですね。

パート6　いつも楽しく幸せな世界にいるためには？

心の眼を開いて明かりを灯す

保江　本当にはせくらさんは、深いところまで勉強されていますね。

唯心論物理学をはせくらさんが理解してくれた、これがポイントです。これだけ「is be」から愛され、教えを受け、いろんな体験をさせられたはせくらさんが、理解してくれたことが真実なのです。

ノートのまとめも素晴らしいですね。

はせくら　恐れ入ります。ただのオタクです。

まとめながら思索するのが大好きなんです。そのノートには重要と思われる箇所にマークを付けて、気づいた言葉なども書いているんです。たとえば……、

「生命は物理法則を利用するが、物理法則を超えることもできるのである。自己実現のために物理作用を利用する」とか、

「天というのは実相世界であり、これを天常立――［陽］として陽としているけれども、地の世界とは表現世界である。

これは国常立、すなわち［陰］である。実相世界と表現世界の織り成すこの諸相を、私は今、体験している最中である」とか。

保江　あっ、ここには、光明遍照（こうみょうへんじょう）と書いてありますね。これは光明派の思想ですよ。

はせくら　そうなんですか。私が学んだ中では、光というのは、光明遍照のことだと書いてありました。

どういうふうに光陰していくか、黄泉（よみ）の国をどのようにしていくのかとか。

「現象界彼岸、あちらの国、実相界、此岸、彼岸のことを何かいっている。

わにとは丸く透き通った世界。実相の霊的宇宙のことである」

「一人一人があまつひつぎとして我が命を活かせ。本源の命、天照大神。本源の命を天照大神と呼ぶ。軸足を自我の奥という本来の日本人の心に立ち返るということである。

永遠の命に自分の命が溶けて、我が内に父母がいますと感じる世界。無条件の命に包まれてここに来ている。自分は今、天地一貫の命と連なっている。その中で生かされていることを体認せよ」とノートには書いていますね。

保江　どれもが、大きな気づきを与えるものですね。

光明派は、ハトホルから発祥した拝火教の流れをくんでいるといいましたが、先述したように、炎の揺らめきには、単に落ち着くという表現だけではいい表わせない、何かがあるのです。

はせくら　はい。私もまた、シュタイナー教育について思い出しました。

子どもたちが小さかった頃、森の影あそびというボードゲームをよく楽しんでいました。

やり方は、まず部屋を暗くして、キャンドルの明かりだけにします。ボード上には、木に見立てた三角形の模型がたくさんあり、小人のコマで木の影に隠れて、明かりに照らされないように逃げていきます。

キャンドルを動かすと木の影が変わるので、逃げ切れずに明かりに照らされたら負け……、というようなゲームでした。

子どもたちは大好きで、けれども普通のゲームのようにギャーギャー騒ぐでもなく、熱中していました。静かに、ずっと集中できるのですね。

保江　やはり火は大事ですよね。

はせくら　そうですね。火を囲んで見つめる……といったその世界に一旦もどるのでしょうかね。

保江　太陽フレアの後、火はもっと重要になるでしょうね。

はせくら　話が逸れますが、私は一度、「ダイアログ・イン・ザ・ダーク（＊視覚障害者の案内により、完全に光を遮断した暗闇の中で、視覚以外のさまざまな感覚やコミュニケーションを楽しむソーシャル・エンターテイメント）」というプログラムに参加したことがあるのです。

そのときは、目の見えない方がおうちを案内してくださいました。

照明をだんだん暗くしていき、真っ暗闇になった後、しばらくはじっと目を慣らします。

やはり真っ暗になると怖いなと思いました。

杖を渡されて、それを使って探りながら家の中を歩き回るというのです。いよいよ覚悟して歩き出したとき、私に不思議なことが起こったのです。

「あれ？　家の中が見える」と……。

はっきりではないのですが、でも明らかにわかるのです。ここには棚があるなと思ったら、杖でトントンと確認しながら歩いていたのです。

先導の方には見えていることが気づかれていなさそうだったので、調子よく進んでいたのですが、その後、バレましてね。なぜかというと、サッカーをすることになったときに、かすかな気配と音だけでボールを蹴るのですが、私は見えているので他の人よりもずっとスムーズにボールを送ることができたのです。

その後、お茶とお菓子を出されたときも、すんなりとやりとりできていたのですね。自分でも不思議で、先祖帰りしたのかなと思うくらいでした。

その体験を通して、心の眼を開けて感じたら、明かりがなくてもわかるのだなと気づいたのです。

今思えば、波動だったのかもしれません。周波数を読み取るというか……あれは本当にいい体験でした。ちゃんと心の眼を開いて視る大切さを教わりました。

保江　心の眼を開いて視る世界、まさしくそうですね。

いつも楽しく幸せな世界にいるためには？

はせくら　それから一つ質問があるのですが、1ヶ月の間に続けて3回の地震がありましたが、なぜか私は体験していないのです。

これは、パラレルが違うということだったんでしょうか？

保江　はせくらさんの認識している世界では、地震がなかったのでしょう。

はせくら　でも、電磁波は通じていたのか、深夜に息子から電話がきたんです。

「大丈夫？」と。

保江　予定調和があるから、そうした電話はちゃんとつながるのです。

はせくら　そうなんですね。

保江　たとえば、今ここでなんらかの物がパタンと倒れたとします。僕にはそう認識されたけれども、はせくらさんが見るとずっと倒れないままということはありえます。

はせくら　そうなのですね。
私は最初、とても疲れていたので地震に気づかずに寝ていたんだなと思っていたのです。
でも、2回目は起きていたにもかかわらず、わからなかった……。
そんなことが3回立て続けに起こったので、さすがにおかしいと思ったのですが、もうモナドについて知っていたので、私のモナドでは起こっていないということなのかなと思ったのです。

保江　そのとおりです。

はせくら　つまり、外の何かを変えようとか、整えようとするのではなく、内部世界を豊かにするだけで、いつも楽しく幸せな世界があるのだと思ったのです。

保江　太陽フレアを心配する必要もありません。

保江モナド、はせくらモナドの中ではたいしたことにはなりませんから。実際にそれが起きても、はせくらさんにとっては、「いつのまにそんなことが」という感じになるのです。

個々の人に認識される現象は、そのように違いがあります。

ほとんど同じに見えているのですが、違うところがいくつもあるのです。

はせくら　先生も、そういうことがとても多いですよね。

保江　本当に多いですね。

はせくら　日々、皆さんの認識と違う世界を生きていらっしゃいますよね。やはり、宇宙由来魂というか、３０００人魂というか、もともとが違うのではないでしょうか。

保江　３０００人というのは一つのメタファーといいましたが、日本にあって日本人として暮らしている人たちはみな、イマジナル・セルです。

目覚めることができれば誰もが、太陽フレアに影響を受けない世界に行くことができるのです。

はせくら　個を内包した宇宙存在の壮大な計画の中に、太陽フレアの発生を含んでいるのだな、というのが今回の確信でした。

けれども、太陽フレアを必要以上に怖れなくていいよ、ということでもあると感じています。むしろ、それを機に進化できるのであれば、楽しみなことかもしれませんから。

永遠の魂を得たイマジナル・セルから生まれ出る歓び

はせくら　それにしても先生、先生のお部屋の附属品があまりにすごすぎますね。

保江　プシュケとアモルがもともといたのがすごいですよね。

はせくら　今回はこの子たちが、ずいぶんといい仕事をしてくれましたね。

保江　本当に。対談をする前に比べて、すごく輝きを放っている気がします。

はせくら　なんだか嬉しそう。

保江　びっくりです。こんなものが今までずっとここに、眠っていたのですね。

はせくら　眠りから覚め、イマジナル・セルはプシュケとなり、永遠の魂を得て、愛と美がつながり、歓びが生まれました。

保江　まぁ、よくこんなものがこの部屋にあったものです。

はせくら　さすがでございます。やはり、神様から愛されていますね。今回は、うかがいたいことにもすべて的確にお答えいただき、本当にありがとうございました。

保江　こちらこそ、感動しきりでした。正真正銘のリケ女、はせくらさんのおかげで、対談中に化学反応のスパークのようなものを感じたことが、何回もありました。

楽しい物語を、本当にありがとうございました。

あとがき

「宇宙は何から出来ているんだろう？」

初めてそんな疑問をいだいたのが小学校のとき。生まれ育った北海道の、雄大な夜空を見上げながら、ああ、この宇宙の中にある一つの星の上に暮らしているんだなぁと思うと、何とも言えない感覚になりました。それは、言葉を超えた大きなものによって護られているような、絶対的な安心感と懐かしさでした。

以来、その時の感覚が忘れられずに、ずっと宇宙や世界の本質について知りたいと願っていました。

もっとも、大人になってからは、日々の雑事に忙殺されて忘れてしまうこともありましたが、決して消えることはありませんでした。

むしろ、子どもを寝かしつけているときや、葉っぱについた水滴が、朝日に照らされるのを視ているときに、ふと同じ質感が訪れることがありました。

やがて、ただの主婦であった私に、常識では理解しがたい超自然的な体験が訪れるようになったのですが、その際にも、時折、同じような感覚になることがあり、いつしかそれが「愛」であったことを、知るに至りました。

そうか。宇宙は愛で出来ていたんだ！　空間は愛の充満界だったんだ。ということは、世界の本質は「愛」によって構成されていたなんて……そう気づいた瞬間、世界の見方が一変しました。それまでの無機質で表層的な世界から、いきなり有機的で内面も関係する世界へと変わったのです。

とはいえ、そのことを如何にして証明できるのだろう？　意外にも理屈っぽい私は、途方にくれました。どうにかして観念論や教義ではなく、科学的に証明する方法はないものだろうかと。

実は私自身、幼い頃から続けていたある癖がありました。それは「内なる自分」とお話しして、答えを教えてもらう、というものです（ですので、内なる自己が本当の自分で、表面の自己はアバターだと思っていました）。

けれどもこればかりは、「己自身で感得してください」、「興味があるもので着手してください」というばかりで、答えをくれるということはありませんでした。

私にとって興味のあるものは、アートと旅と本です。本であれば何でもオッケーなのですが、特に科学系や古今東西の古典ものは好きでした。何より、読んで感動したフレーズや考察したものをノートにまとめていく時間が、極上のリラックスタイムだったのです。

そんな中、出逢ったのが保江先生が著された『人間と「空間」をつなぐ透明ないのち――人生を自在にあやつれる唯心論物理学入門――』でした。そこには、世界の本質は「量子モナド理論」を用いることで、説明できることがわかりやすく書かれていました。

その時の衝撃と、のちの衝動行動については本書の通りですが、この「量子モナド理論」は、唯物的な現代人の価値観を、根底から変えてしまうインパクトを秘めていると確信します。

個人の人生に置き換えるなら、〝すべて心が起点となって世界が現れる〟という唯心論的世界観を知って生きる人生と、知らないまま生きる人生は、その後の人生の質や見方に、いかほどの差が生まれることになるのでしょう？

現代のような科学（≒エビデンス）信仰――唯物論的な価値観を絶対視してしまうと、どうしても、起こる出来事に振り回されやすくなるため、心の安定が得にくいばかりか、本質からもどんどん遠ざかってしまうことを危惧しています。
そんな中、保江先生の御友人でもある高知大学名誉教授・中込照明博士が提唱された「量子モナド理論」（唯心論物理学）は、科学の眼をもって、この世の本質をものの見事に解き明かしてしまったのですから、実に驚くべくことなのです。

今回、尊敬する保江邦夫博士との対談本、第二弾として本書を上梓できましたことを、心から嬉しく、有難く思っています。専門教育を受けたこともない素人の私に、幾度も根気よく丁寧に、量子モナド理論のしくみを説明して下さり、あまりの面白さに時を忘れるほどでした。
それればかりか、宇宙人から地球の構造、太陽フレアーに至るまで、まさしく万華鏡の如く、天衣無縫に世界が展開されていくさまは、私のみならず、読者の皆様のモナドも大いに影響を受け、量子の働きも活性化されたのではないでしょうか？

さて、本書の刊行に際し、惜しみない愛と寛容で、多くのことを教えて下さいました稀代の科学者・保江邦夫博士と、「量子モナド理論」の生みの親で、天才科学者の中込照明博士に、あらためまして、感謝の意を述べたく思います。

また明窓出版の麻生真澄社長には大変お世話になりました。超ロング対談をスリム化し、かつ、大変だったであろう科学用語だらけの原稿を、一年かけて丁寧に紡いでくださいましたことを、本当に有難く思っております。

加えて今回、個人的な理解のために書いていたノートを、そのまま転載することを勧めて下さった保江先生の御提案で、多くのイラストと言葉が掲載されることとなりました。若き頃からの趣味が、まさかこんなかたちで日の目を見るとは、思いもしませんでした。拙い表現ではありますが、素晴らしき理論の全体像を捉えるための、超入門的な役割としてお役に立つことができましたら大変嬉しく思います。

そして最後に、本書をお読みくださった貴方様に、深く感謝致します。ラストは内なる叡智から届いたメッセージをシェアして、筆を置きたいと思います。

私たちは一つのモナドに包まれた、かけがえなき存在です。
私たちは完全調和に抱かれた、一つの大いなるいのちです。
一つの中にすべてがあり、すべての中に一つはやどります。
その波間に漂いながら、想い、語り、行為するわたしたち。

さあ、安心して、次のステージへと進んでまいりましょう。

２０２３年　立夏の風に吹かれて
はせくらみゆき

愛と歓喜の数式
「量子モナド理論」は完全調和への道

保江邦夫・はせくらみゆき

明窓出版

令和五年 八月一日 初刷発行
令和六年 七月一日 三刷発行

発行者 ―― 麻生 真澄
発行所 ―― 明窓出版株式会社

〒一六四―〇〇一二
東京都中野区本町六―二七―一三

印刷所 ―― 中央精版印刷株式会社

落丁・乱丁はお取り替えいたします。
定価はカバーに表示してあります。

ISBN978-4-89634-459-2

保江邦夫 Kunio Yasue

岡山県生まれ。理学博士。専門は理論物理学・量子力学・脳科学。ノートルダム清心女子大学名誉教授。湯川秀樹博士による素領域理論の継承者であり、量子脳理論の治部・保江アプローチ（英：Quantum Brain Dynamics）の開拓者。少林寺拳法武道専門学校元講師。冠光寺眞法・冠光寺流柔術創師・主宰。大東流合気武術宗範佐川幸義先生直門。特徴的な文体を持ち、80冊以上の著書を上梓。

著書に『祈りが護る國　日の本の防人がアラヒトガミを助く』『祈りが護る國　アラヒトガミの願いはひとつ』、『祈りが護る國　アラヒトガミの霊力をふたたび』、『人生がまるっと上手くいく英雄の法則』、『浅川嘉富・保江邦夫 令和弐年天命会談 金龍様最後の御神託と宇宙艦隊司令官アシュターの緊急指令』（浅川嘉富氏との共著）、『薬もサプリも、もう要らない！ 最強免疫力の愛情ホルモン「オキシトシン」は自分で増やせる!!』（高橋 徳氏との共著）、『胎内記憶と量子脳理論でわかった！『光のベール』をまとった天才児をつくる たった一つの美習慣』（池川 明氏との共著）、『完訳 カタカムナ』（天野成美著・保江邦夫監修）、『マジカルヒプノティスト スプーンはなぜ曲がるのか？』（Birdie氏との共著）、『宇宙を味方につける こころの神秘と量子のちから』（はせくらみゆき氏との共著）、『ここまでわかった催眠の世界』（萩原優氏との共著）、『神さまにゾッコン愛される　夢中人の教え』（山崎拓巳氏との共著）、『歓びの今を生きる 医学、物理学、霊学から観た 魂の来しかた行くすえ』（矢作直樹氏、はせくらみゆき氏との共著）、『人間と「空間」をつなぐ透明ないのち　人生を自在にあやつれる唯心論物理学入門』、『こんなにもあった！　医師が本音で探したがん治療　末期がんから生還した物理学者に聞くサバイバルの秘訣』（小林正学氏との共著）『令和のエイリアン　公共電波に載せられないUFO・宇宙人ディスクロージャー』（高野誠鮮氏との共著）、『業捨は空海の癒やし　法力による奇跡の治癒』（神原徹成氏との共著）『極上の人生を生き抜くには』（矢追純一氏との共著）（すべて明窓出版）など、多数。

はせくらみゆき Miyuki Hasekura

画家・作家・雅楽歌人
生きる喜びをアートや文で表すほか、芸術から科学、哲学まで幅広い分野を網羅しつつ、講演・セミナーも行うマルチアーティスト。

日本を代表する女流画家として国内外での個展多数。2017年にはインド国立ガンジー記念館より、芸術文化部門における国際平和褒章を受章。2019年には国際アートコンペ（伊）にて世界三位、翌年のMINERVA展（英）では準大賞となる。

他にも教育コンテンツの開発や自国文化の再発見と学びの機会の提供、和心で世界を結ぶ活動などを行っている。

主な著書に「パラダイムシフトを超えて」（徳間出版）、「Otohime Card」（Neude Elde・独）、「夢をかなえる、未来をひらく鍵　イマジナル・セル」（徳間書店）等、現在までに約60冊程の著作がある。


英国王立美術家協会名誉会員。

日本美術家連盟正会員。

一般社団法人あけのうた雅楽振興会代表理事。

Accademia Riaci絵画科修士課程卒（伊）。北海道出身。

はせくらみゆき公式WebSite
https://www.hasekuramiyuki.com/